社会厚生の 測り方

Beyond GDP

マーク・フローベイ=著

坂本徳仁=訳・解説

日本評論社

Beyond GDP: The Quest for a Measure of Social Welfare
by Marc Fleurbaey

Copyright © 2009 by Marc Fleurbaey

First published in English in JOURNAL OF ECONOMIC LITERATURE,
Vol. 47, No. 4, December 2009 (pp.1029-1075)
Japanese translation published by arrangement with Marc Fleurbaey
through The English Agency (Japan) Ltd.

訳者まえがき

　本書は、規範的な評価（とりわけ分配的正義）の問題と、社会のあるべき姿について考えたい人にとって、必ず参照すべきマーク・フローベイ教授の重要論文 "Beyond GDP: The Quest for a Measure of Social Welfare," *Journal of Economic Literature,* 47 (4), pp.1029-1075, 2009の邦訳である。想定する主な読者は、経済学・哲学・政治学・心理学・社会学分野を専攻する学部生、院生、研究者、政策実務を担当する官僚、政治家、SDGs などの社会指標に関心のある企業家、社会活動家である。

　最初に、邦訳に至った経緯を説明させていただきたい。本論文は経済学分野の研究としては珍しく、あらゆる分野で大いに引用されてきた。しかし、引用先のなかには本書の内容を正しく理解していない記述が少なからずあるように見える。社会評価の問題は、私たちの社会をどういう方向に変えていくのか決めることに直結する大事な問題であるため、その内容が正しく理解されないことは大変残念なことである。そこで、邦訳という形で本書の内容を広く伝えたいと願った次第である。訳者は大学院生時代からフローベイ教授を尊敬し、研究者としての目標の一つにしてきた。フローベイ教授と初めてお会いした際には、訳者の研究の一つを重要な結果だと認めていただいて心底嬉しかった。本書の邦訳をご快諾いただいたフローベイ教授にはこの場を借りて改めて感謝申し上げたい。

　本書の企画段階では、日本評論社の道中真紀さんからたくさんのアイディアをご提示いただいた。本書が単なる邦訳にとどまらず、非専門家の読者の理解にもつながるように、各章の概要を冒頭でまとめ、重要概念や理論の結果、専門用語に至るまで訳注を付けるように提案があった。また、原書刊行以降の進展も含めた規範経済学分野の現状に関する解説の執筆依頼もあった。レイアウトの面でも、長めの訳注は別途「訳者メモ」という形で本文中のボックスにまとめて、読みやすくなるように工夫されている。そのような経緯で、本書は邦訳としては異例なまでに訳注と解説の多いものになり、本文のレイアウトも特殊なものに仕上がっている。このような新しいスタイルの邦訳書が読者の利益になることを願う

とともに、訳者の拙い仕事が僅かなりとも人々の規範経済学への理解を深めることを祈っている。新しいスタイルを果敢に求めて、実験的・独創的な邦訳書の企画・出版に導いてくれた道中さんの先見の明と、それを認めた日本評論社の英断と度量の深さ、特殊なレイアウトの弊害をものともせず、素晴らしい印刷をしてくださった精文堂印刷の皆さまに心からの敬意と感謝を表したい。

　翻訳と解説の作業においては、これまでの訳者の研究・教育活動と、そこで得られた研究者の方々との交流が大いに役立っている。これらの活動は科学者に対する貴重な研究助成に支えられており、本書の翻訳と解説はその成果の一部である（科研費番号：19K01683、20KK0036）。また、小さな幸せに満ちた訳者の日常を支えてくれる妻と子ども達は何よりもの励みである。これらすべての人々に感謝の気持ちを捧げたい。

2023年2月

坂本　徳仁

社会厚生の測り方●目次

序　論

GDP（Gross Domestic Product：国内総生産）は貧弱な社会厚生の指標であり、そうであるがゆえに、政府の経済政策の評価を狂わせていると繰り返し批判される。よく知られているように、GDP統計は現在の経済活動を測定するものの、資産の変動や、国際的な所得の流れ、家計のサービス生産、環境破壊を無視している。また、社会関係の質や、経済的安定、個人の安全、健康、長寿のような多くの福利の決定要因も無視する。もっと悪いことに、助け合う良好な人間関係が匿名の市場関係に置き代わったときや、犯罪、環境汚染、災害、健康被害の増加によって防衛や修復のためにかかる支出がもたらされたときにもGDPは増加する。驚くまでもないことだが、社会厚生のより良い指標を構築するという問題は、公開討論の白熱する議題の常連であり、政治家や政府の関心事の常連でもある。この20年間で、代替指標の数は爆発的に増え、OECD（Organisation for Economic Cooperation and Development：経済協力開発機構）、UNDP（United Nations Development Programme：国連開発計画）、EU（European Union：欧州連合）などの重要な機関による行動計画が急増した。最近では、「経済成果と社会進歩」の新しい指標を提唱することを目的として、フランス政府がジョセフ・E・スティグリッツを委員長として、他のノーベル賞受賞者4名を含む委員会を組織した◆1。

　この間、厚生経済学◇1は、社会選択理論、公平配分の理論、潜在能力アプローチ、幸福とその決定要因の研究、社会正義に関する哲学や、幸福の心理学の新たな展開と結びついて、さまざまな方向に発展してきた。これらの概念上の発展は、具体的な測定に直接役立つかもしれない新たな分析手段を提供するものである。10年ほど前、ダニエル・T・スレズニック（Slesnick 1998）は次のように所見を述べた。「経済分析の多くの諸問題において核心的に重要であるにもかかわ

〔訳注◆1〕ジョセフ・E・スティグリッツ、アマルティア・セン、ジャンポール・フィトゥシを中心とした、いわゆるスティグリッツ委員会のこと。原書刊行時点（2009年）で本委員会に含まれるノーベル経済学賞受賞者は5名であったが（アマルティア・セン、ケネス・アロー、ジョセフ・E・スティグリッツ、ジェームズ・J・ヘックマン、ダニエル・カーネマン）、その後2015年にアンガス・ディートンも同賞を受賞している。

〔原注◇1〕ここでいう「厚生経済学（welfare economics）」という表現は、非常に広い意味で用いており、社会状態や公共政策の評価基準の定義に関わる経済学の全分野を含んでいる。いわゆる旧・新厚生経済学（もしくは新・新厚生経済学）の狭い範囲に限定されるものではない。

らず、広く用いられている厚生指標と確立された理論の定式化と間の関係性については混乱が続いている」（p.2108）。おそらく今なお、具体的な厚生指標（古いものや、新しいもの、潜在的な候補となる指標）と最新の理論の間の関係性は同様の状況にあると言ってもよいだろう。GDPに代わる指標について既存の学術研究が何を語ってきたのか問うことは、時宜を得ているように思う。

社会厚生の尺度の実用的な重要性はいくら強調してもしすぎることはない。政策決定、費用便益分析、国際比較、経済成長の尺度、不平等の研究では、個人の福利と集団の福利の評価に何度も言及してきた。これらすべての文脈において金銭的な尺度が依然として優勢であるという事実は、前向きな合意を反映したというよりも、他に良い指標がないことがそうさせていると通常は解釈される。

本書の目的は、最先端の厚生経済学に照らし合わせて、社会厚生の測定に関する主要な代替アプローチの長所と短所を、政策評価、国際比較、異時点間比較の観点から、検討することである。本書では四つのアプローチを取り上げる。

第一に、福利の非市場的な側面と持続可能性への利害を特に考慮した「補正GDP」という考え方がある。後で説明するが、このアプローチの基本的な問題点は、社会厚生の尺度の候補として国民所得を出発点とすることが、一般に想定されているよりもはるかに経済理論の裏付けをもっていないということである。「グリーン」会計で試みられているように、このアプローチを異時点間の厚生に拡張すると、さらなる厄介事を抱えることになる。社会的選択と公平性の理論における最近の展開では、「補正GDP」の考え方を依然として擁護できるものの、一般に考えられているものとは異なる会計方法になることを論じる。

訳者メモ　補正 GDP

補正 GDP とは、何らかの「望ましくないもの」が増えた場合の経済的損失をGDP から差し引いたり、「望ましいもの」が増えた場合の経済的利益を GDP に足す形で、GDP を補正したものである。たとえば、経済開発によって自然環境が大きく破壊されたり、戦争や公害で人々の生産資源や健康状態が大幅に悪化したりする場合には、それらの失われた経済的価値を（推計は困難であるがとにかく）GDP から差し引くという処理を行う。反対に、自然環境が保護されたり、修復されたりした場合には、その経済的利益を GDP に加算する。このような処理を施した修正版の GDP を「補正 GDP」と呼んでいる。フローベイはこの方法論を第 2 章で批判的に検討し、第 3 章で従来型の補正 GDP を修正した等価所

得を有力な候補として推奨している。

第二に、「国民総幸福量」という考え方がある。これは幸福研究の発展によって復活した考え方である。幸福研究による革命は、「効用」の復活をもたらすどころか、最終的にはこの概念が単純すぎるという非難をもたらすことになるかもしれない。また、重大な但し書きなくして、主観的幸福度を社会評価の指標として使うことはできないことを論じる。

訳者メモ **効用の復活**

ここでいう「効用の復活」というのは、100年前の経済理論分析で行われていたように、個人の満足度が比較可能であり、集団の満足度の総和や平均を計算することも可能だとする立場が復活することを指している。

幸福に関する心理学では、通常、幸福度という心理尺度が個人間で比較可能であり、その平均値を意味ある形で計算できるという立場を採る。100年前の経済学においても同様に、個人の満足度や幸福度を示す概念としての「効用」を、個人間で比較可能であり、足したり引いたり掛けたり割ったりすることのできる「数値」として捉えていた。つまり、Aさんの効用水準の10という数字はBさんの効用水準の5という数字の2倍だと論じることも、Aさんの効用とBさんの効用を足し合わせると全体の効用水準は15だと論じることも可能だと考えていたのである。

当然、このような主張にはいかなる科学的根拠もない。というわけで、1932年には経済学者ライオネル・ロビンズが激しい批判を行い、効用が個人間で比較可能だという主張と、普通の数値と同じように四則演算できるという性質は、経済学から追放されることになったのである。その代償として、主流派の経済学では、福利や生活水準の個人間比較を行わなければ意味のある議論を行うことがほとんど期待できない「不平等」や「衡平性」に関する理論分析までもが失われることになった。余談になるが、島流しにあった衡平性に関する理論分析は、ノーベル経済学賞受賞者のアマルティア・センを含む多くの規範経済学者たちが新たな概念上の分析道具を作り上げることで復活に成功した。

第三に、アマルティア・センが提唱した「潜在能力アプローチ（capability approach）」がある。これは精密な測定方法というよりもむしろ思考の枠組みとして提唱されたものである。このアプローチは、現在、さまざまな応用を生み出しているが、その推進者の多くが合成指標を求めることには消極的である。有名な例外は人間開発指数（Human Development Index：HDI）である。この問題に

おける大事な点は、潜在能力に関連した次元に対する個人の評価を考慮できるか、もしくは考慮すべきか、ということである。この課題については、先の二つのアプローチとの対話が非常に有用であることが示されるだろう。第四に、HDIの手引きに導かれて、「合成指標」の数が増えている。合成指標は、さまざまな項目における社会的成果の集計尺度を加重平均することで作成される。本書では、他の三つのアプローチが十分に活用されれば、この第四のアプローチを存続させる理由はほとんどなくなることを論じる。というのも、このアプローチは、社会の構成員の間の貧富の差と福利の分布を考慮するのに適していないためである。

　本書の構成は以下の通りである。第1章から第3章では、補正 GDP の研究課題に関連する金銭的な尺度を扱う。第1章では、GDP のような尺度の正当化に通常用いられる、総消費額に関わる古典的な結果を再検討する。これらの結果のなかには、しばしば誇張されているものもあれば、ほとんど知られていないもの、あるいは今後の研究によって発展する可能性があるものも含まれる。したがって、再検討することは重要であるように思う。第2章では、国民純生産（Net National Product：NNP）や「グリーン」会計に見られるような、このアプローチを異時点間に拡張することについて述べる。第3章では、社会的選択と公平性の理論における最近の発展との関連性に焦点を当てて、支払許容額と貨幣単位の効用に基づく尺度に目を向ける。この章では、政策評価の重要な手段である費用便益分析についても簡潔に論じる。第4章から第6章では、非金銭的アプローチ、すなわち、HDI などの合成指標（第4章）、幸福研究とさまざまな主観的幸福度の指標（第5章）、潜在能力アプローチ（第6章）を取り上げる。終章では、本論文で分析したさまざまなアプローチの相対的な長所と短所、および今後の発展と応用の展望について注意点をまとめた上で結語とする。

訳者メモ 　**公平性（fairness）と衡平性（equity）の違い**

　　本書中で使われる公平性（fairness）の概念は、平等等価ないし無羨望としての衡平性（これらの衡平性の概念は後述する）とパレート効率性の両方を備えた「望ましい状態」という意味合いで用いられている。したがって、本書中の「公平性」には「手続き上の公平性」や「貢献に対する報酬を関連付ける上での公平性」などの通例の規範的な意味合いはなく、単に、経済学理論における「望まし

い状態」を表現する概念として「公平性」という言葉が用いられている。

　また、今後、「衡平性（equity）」という言葉も何度も出てくることになるが、こちらの「衡平性」概念は、「何らかの次元で人々が等しい状態にある方が、等しくない状態にあるよりも望ましい」という意味合いで用いられている。たとえば、「無羨望としての衡平性」は、「誰も他者の消費状況を自分よりも良いと思わない、全員の消費状況に羨望・妬みがない」という意味で「すべての人々が等しい状態にある」ことを望ましいとする概念である。「平等等価としての衡平性」の場合、「全員が等しく特定の消費水準を得ているのと同じ満足度を得ている」という意味で「すべての人々が等しい状態にある」ことを望ましいとする概念である。

厚生経済学の「短い歴史」

　厚生経済学とは、物事の善悪を決める価値基準と評価方法について考察する経済学の一領域である。厚生経済学の歴史は、一般に、英国人経済学者アーサー・セシル・ピグーよって始まったとされる（Pigou 1912）。しかし、近代経済学誕生時点でアダム・スミスが道徳や善い社会について論じている上に、訳者の師匠であり、厚生経済学の分野で数多くの貢献を遺した故・鈴村興太郎教授は常日頃から「社会制度の善し悪しを論じるという意味での厚生経済学の歴史は、古代ギリシャのアリストテレスや古代インドのカウティリヤにまで遡ることができる」と主張していたので、物事の善悪を判定する学問としての「広い意味での厚生経済学」は、2000年以上も前の人類の知的営みから脈々と受け継がれてきたと言えるかもしれない。

　とはいえ、本コラムでは、ピグー以降の「狭い意味での厚生経済学」の歴史に絞って簡単に解説することにしよう。ピグーの活躍した20世紀初頭の経済学において、社会の善悪の価値判断基準は功利主義と呼ばれる考え方に基づいていた。古典的な功利主義の前提では、人々の効用（＝人生の究極目標としての幸福）は「計測可能な実在物（個人間でも個人内でも比較可能で四則演算可能なもの）」とされ、社会全体の効用の総和を最大にするように社会を編成することが望ましいとされた。功利主義思想の絶大な影響のもとで、ピグーは社会全体の効用の総和を大きくするような再分配の在り方として、所得の総和が変わらないのであれば、富裕層から貧困層への所得移転が社会全体の利益を促進するという主張を展開する。

　しかし、1932年、同じく英国人経済学者のライオネル・ロビンズから、功利主義で自明視されてきた効用の個人間比較や四則演算の可能性には客観性も科学性もないという痛烈な批判が寄せられる（Robbins 1932）。この批判は経済学研究全体の方向性を塗り替える絶大な影響力をもち、その後の経済学は効用の個人間比較も個人内比較も許さない「選好順序」だけで理論を構築することになる。その結果、AさんとBさんのどちらの方が良い暮らしにあるのかという議論はできなくなり、AさんとBさんの間の格差や衡平性については沈黙するという分配無視の厚生経済学が主流となる。この時代に流行した社会評価の方法が「補償テスト」である。補償テストでは、社会の状態が x から y に変化した際に、y への移行後に再分配することで得られる効用水準の方が x のもとで得られた効用水準よりも全員について高くなるのであれば、x よりも

y の方が良いと判定される（なお、y での再分配は実際には行わなくともよいとされる）。しかし、その後の研究で、補償テストとそれを拡張した評価方法には致命的な欠陥（x が y よりも良いし、同時に y が x よりも良いと判定されてしまう等の論理的欠陥）があることが続々発見される。その上、とどめの一撃と言わんばかりに「アローの不可能性定理」が登場することで、1930〜1960年代の厚生経済学研究は暗礁に乗り上げることになる。

　1960〜1970年代には、新たな潮流が生まれる。自分と他者の消費状況を自分の効用関数を用いて比較するという羨望アプローチと、ある参照基準を定めて、その参照基準の観点から個人の境遇を比較するという平等等価アプローチの二つが提唱された。羨望アプローチでは各人に「自分よりも良い生活を送っていると思う人は誰ですか？」と尋ねるだけでよい。あなたが自分の生活よりも良いと評価する個人の消費状況と、あなたの消費状況の間には格差があると言える。また、平等等価アプローチは等価所得アプローチの原型であり、各人の生活水準を参照基準と比べてどの程度良いのか比較することで個人間の格差を考慮できるようになる。個人間に格差があると言えるのであれば、衡平性に基づいた社会評価の問題を考えることができる（私はあの人よりも冷遇されている！　格差があるのだから衡平じゃない！）。しかしながら、羨望アプローチは全員の所得水準を均等にすればよいという非現実的な極論を推奨して不人気になる上、理論的な欠陥も続々と発見されてしまう。同様に、等価アプローチも本文中でフローベイが説明するように、さまざまな理論的欠陥が発見され、1980年代には研究が下火になってしまった（フローベイは一度停滞した等価所得アプローチを現代に復活させようとしているのである）。

　1970年代は厚生経済学にとって実験的な時代だったと言えるかもしれない。ノーベル経済学賞学者アマルティア・センは福利の個人間比較の「程度」を導入するという独創的な方法を提唱する。センは「A さんと B さんの福利の比較においては A さんの方が B さんよりも福利が高い」とは言えるけど、「A さんは B さんよりも 3 倍福利が高い」とか「A さんは B さんよりも100万円分福利が高い」とか主張することはできないという個人間比較の方法論を導入する。センは同時に、個人間の福利の差分や比率も比較できるという理論的な枠組みを提唱し、部分的な福利の個人間比較を許すことが衡平な社会評価を可能にするために必要不可欠であることが1980年代までの理論研究を通じて理解されるようになる。

　これらの過去の研究の蓄積の延長上に現在の厚生経済学研究はある。さまざまな文脈に応じて生じる社会評価の問題や、社会評価に実際に適用する際に生じる推計上の問題などに関する研究が進むことで、私たちの社会をより良くするための価値判断・評価基準の精度を高めていくことができるだろう。

金銭的な集計量の再検討

訳者による 第1章の概要

　第1章では、かなり強い前提条件が満たされない限り、一人当たり GDP や総所得だけで社会的な望ましさを語るべきではないことが論じられる。特に、一人当たり GDP をめぐって大きな誤解があるのは、GDP で表現される「社会厚生＝社会の望ましさ」は「水準、差分、比率で表現できる」と考えられていることである。しかし、実際の厚生経済学の理論研究では、「以前よりも社会の状態が良くなったのか悪くなったのかという判定」が「場合によっては平均所得で判定できることがある」と主張するに留まる。たとえば、一人当たり GDP が300万円から350万円に50万円分増加したからといって、社会厚生が50万円分改善したとは厚生経済学者は考えないし、社会厚生が約17％増加したとも考えない。それは、あくまで一人当たり GDP という算術平均で測った GDP の値の変化にすぎず、「一人当たり GDP が高くなった＝社会厚生が改善された」ということを必ずしも意味しないのである。もう一つの重要な注意点は、局所的な変化（価格と消費量がほんの少しだけ動いたという小さな変化）と大域的な変化（価格も消費量もまったく異なるものになったという大きな変化）に対する社会厚生の増減の問題である。本章で紹介することになる厚生経済学の理論では、「価格や数量の僅かな変化に対する総所得の増加を社会厚生が増えたと解釈してもよい場合がある」という限定的な結果が得られるにすぎない。すなわち、価格も消費量も大きく動いた場合には、「総所得の増加＝社会厚生の増加」と解釈することはできないのである。

　実際、本章では、①顕示選好理論を社会厚生に適用したアプローチ、②社会厚生を総所得と分配の衡平性の要素の二つに分解するアプローチ、③市場均衡配分のもたらす所得分布の加重平均を比較するアプローチ、の三つが紹介されるが、どのアプローチにも理論的な欠陥や不備がある上、社会厚生を判断する上では、総所得（＝ GDP）だけではなく分配の衡平性も重要な要素になることが指摘される。

　さらに、三つのアプローチには共通する問題点がある。

　第一の問題は、「福利・生活水準の個人間比較」の問題である。これらの三つのアプローチでは、「個人の福利・生活水準」を「個人の消費ないし所得水準」で比較できることを仮定している。個人がだいたいの側面において等しいと見なせる存在なのであれば、生涯所得に基づいて個人の福利を比較することに大きな問題はない。その場合には「社会厚生関数の形状（生涯所得の分布の衡平さにどの程度配慮するべきか）」を決めればよいだけである。しかし、個人という存在は、選好は言うに及ばず、利用可能な商品の種類・質（国・時代ごとに利用可能な商品の状況が大いに異なる）、自然環境、公衆衛生、インフラ、治安、市民的権利・自由といっ

た「社会的・時代的な要素」の面においても大いに異なるし、生来の才能、培った技能知識、心身の健康・欠損といった「個人的な要素」の面でも大いに異なる存在である。そのため、生涯所得だけで個人の福利を比較することには明らかな限界がある。これらの違いは、国際比較（自由主義国家の中間層と独裁国家の中間層では、仮に両者が同じ所得水準であってもどちらも同じ福利だと見なしてよいのだろうか？　普段食べているもの、住環境、治安、自然環境の異なる国家間で、所得水準だけで個人の福利を比較してよいのだろうか？）や異時点間比較（結核を治せない上に娯楽が限られている100年前の富裕層と、結核を治せて娯楽が至るところに見出せる現在の中間層のどちらの方が物質的に豊かなのだろうか？）にも大きな困難を生じさせることとなる。この点を克服するために、フローベイは等価所得アプローチを使うべきだと主張する（この話は第3章で論じられる）。

　第二の問題は、上述のアプローチのすべてに定量的な意味合いがなく、あくまで「社会厚生が増えたのか減ったのか」という定性的な話しかできないということである。定量的な話が可能になっているかのように見える指数理論では、価格指数が前提とする公理自体が社会厚生にとって意味のあるものではないため、社会厚生の話としては説得的なものではない。さらに、社会厚生と価格指数の理論を結び付けようとして考案された「最良指数」の理論は、「局所的な変化（ほんの僅かな価格と数量の変化）」に対して「非常に強い前提条件（価格と数量の変化は比例的な関係になる）」が満たされるもとであれば「局所的な変化に伴う総所得の増減を社会厚生の増減とみなしてよい」という話にすぎない。強い仮定が満たされないもとでは、局所的な変化の場合であってさえも、最良指数に基づく総所得を社会厚生の代理指標として使えない事態が生じうる。国際比較、異時点間比較の文脈では、消費者の選好が大いに異なる上、消費している項目も大いに異なるため、何か一つの統合価格だけで評価することには大きな限界があることに注意しなければならない。

　本章の議論全体から、総所得や一人当たり GDP を社会厚生と同一視することは決してできないことが分かる。妥当な社会厚生の概念は、少なくとも総所得と所得分配の衡平性の両方への配慮を必要とするのである。

ウィリアム・D・ノードハウスとジェームス・トービン（Nordhaus and Tobin 1973）による独創的な研究以来、GDP を補正するという研究課題は、GDP と同じような構造をもつ項目（市場価格で評価される金銭的な集計量、もしくは、市場価格がない場合には帰属価格で評価される金銭的な集計量）を加算ないし減算するものとして広く理解されている◇1。本章で見ていくように、国民経済計算の利用者の多くが広く考えている以上に、経済理論がこのアプローチを支持することはあまりない。多くの公式報告書は拙速にこの事実をごまかしているが、経済理論が示していることは、総所得が社会厚生の優れた指標にはなるのは、いくつかの（報告書では通常特定されない）仮定のもとにすぎないということなのである。たしかに、経済理論には、社会厚生を総所得や総消費の価値と関連付けようとする正統派の伝統がある◇2。しかしながら、その理論のほとんどは、厚生の水準そのものは言うに及ばず、厚生の強弱すら扱っておらず、厚生の変化の符号を決定するという限定的な問題を扱っているにすぎないのだ◆1。この観点から見て、その差分や変動の比率を表記できる基数的な尺度として、補正・未補正を問わず、一人当たり GDP が広く用いられていることは問題であろう◇3。本章では、社会厚生の指標としての金銭的な集計量の是非をめぐる新旧の議論を概観

〔原注◇1〕Nordhaus and Tobin（1973）は、彼らが「家計の年間実質消費の包括的な指標」と呼ぶものの計算に着手した。「消費額はすべての財とサービスを含むことが意図されており、市場にあるか否かにかかわらず、市場価格ないし消費者の機会費用に相当する価格で評価される」（p.24）。

〔原注◇2〕初期の展望論文には、Sen（1979）や Slesnick（1998）がある。

〔訳注◆1〕GDP を例にして考えよう。一人当たり GDP が350万円であると言った場合、厚生経済学者は「社会厚生（社会の望ましさの程度）の水準」が350万円だとは考えない。また、一人当たり GDP が350万円から400万円になったからといって、厚生経済学者は「社会厚生が50万円分高くなって良くなった」とも考えない。伝統的な厚生経済学の研究では、あくまで「社会厚生が今と比べて良くなったのか悪くなったのか」を判定するための理論を作ってきたのである。「社会厚生がどのくらいの量、あるいは何倍、改善・改悪されたのか」を判定する理論を作るには相当強い仮定がないと無理である。

〔原注◇3〕厚生経済学者はしばしば、自らの仕事を社会厚生の量的な指標を見出すことではなく、社会厚生の序数的なランキングを見出すことにあると定めている。とはいえ、GDP の使われ方に例示されているように、多くの人々はそう思ってくれてはいないようである。社会厚生の意味をなす単位があることは明らかに有用であり、本稿で論じるいくつかの指標（等価所得、U 指数、HDI）はこの性質を持っている。

していく。

訳者メモ	基数的な尺度

基数的な尺度とは「差分」や「比率」に意味がある尺度ということである。つまり、GDP が50億円高いということは社会厚生が50億円増加したと言える。GDP が10％増加することは社会厚生が10％増加したと言えるということである。

なお、1998年ノーベル経済学賞受賞者のアマルティア・センを含めた多くの厚生経済学者は、昔から一人当たり GDP が政策目標として広く用いられていることを深く憂慮していた。しかしながら、たとえば、世界中で広く読まれている『マンキュー入門経済学［第3版］』（マンキュー 2019）では、GDP の説明において、「結局、GDP は──すべてではないが──ほとんどの目的に対して経済厚生の良好な尺度であると結論できる」（p.284）としている。この例にみられるように、マクロ経済学者と厚生経済学者の間の認識の隔たりは非常に大きいと言えよう。

とはいえ、スティグリッツ、セン、フィトゥシの Beyond GDP プロジェクト以降、徐々にこのような認識の隔たりは改善され、実際にマンキューの前掲書においても第8章第5節において GDP の問題点について一定の配慮がなされる形で触れられている。

1.1　顕示選好をめぐる議論

　顕示選好の議論から始めよう。局所非飽和性◆2を仮定すると、消費者が価格ベクトル p で定義される予算集合の中から商品バンドル x（l 次元の異なる商品）を選択するとき、x は $py < px$ となるすべてのバンドル y よりも顕示選好されるという。x が内点解で、微分可能であると仮定すると、微小な変化 dx に対して、消費者が $x + dx$ を x よりも厳密に選好することの必要十分条件は $pdx > 0$ にな

〔訳注◆2〕消費者は消費活動について飽きるということが決してなく、今消費している状況よりもさらに満足度を高めてくれる消費状況が現状の近くにあるという条件である。局所非飽和性という条件は、よく仮定される単調性（多ければ多いほど満足度は高くなる）の条件よりも弱い要求になっている。専門家以外にとってはさほど重要なことではないが、数学的には、「弱い条件の仮定のもとで成立する結果は、より一般的な結果になる」ため、ここでは局所非飽和性を前提にした議論を展開しているだけにすぎない。あまり気にせずとも論旨を見失うことはないので、安堵されたい。

る。ここでは内点解の仮定が重要であることに注意されたい。もし消費者が一部の商品を消費しない場合、$pdx>0$ は満足度の減少と両立可能になってしまう[◆3]。本章では、問題を単純にするために、商品バンドルが $\mathbb{R}_+^l$ の要素であると仮定する。

訳者メモ　顕示選好の議論

　　顕示選好の議論とは、観察可能な消費行動から消費者の需要関数やその根底にある選好関係を推定しようとする理論である。消費者が x と y という消費バンドルを両方とも買えたにもかかわらず、x を選んだのであれば、この消費者は x を y よりも好んでいたと解釈しようというが顕示選好理論である。「だから何?」と思われるかもしれないが、顕示選好理論は「観察可能な行動結果」から「観察できない消費者の選好や需要関数」をどうにかして推定しようとする科学的に非常に重要な試みなのである。とはいえ、顕示選好の科学的な重要さとその興味深い歴史を論じることはこの節の本筋ではないので割愛する。

　　1.1節では、この個人の選好や需要関数の推定に用いられてきた顕示選好の理論を社会的な評価にも応用しようという話が展開されることになる。つまり、社会的に選択可能な X と Y という総消費量があって、Y ではなく X が市場経済の結果として実現したのであれば（Y ではなく X が社会的に選ばれたものと解釈して）、X の方が Y よりも社会的に望ましい（＝社会厚生が高い）とみなすアプローチである。

〔訳注◆3〕ここも経済学を専門としていない読者は気にせず、読み飛ばしていただいても構わない。学部生向けに説明すれば、端点解（何種類かの財の消費量がゼロになっているような消費状況）においては、一般に限界代替率と価格比が等しくならない（端点解でちょうど両者が一致するというケースもあるが、そこを無視すれば、基本的には限界代替率と価格比は一致しない）。このとき、消費ゼロの買わない財だけ微小に増えて、かつ、現在購入している財の量が微小に減ったとしよう。このようにして作った端点解の十分近くにある「さして欲しくない財だけ増えて、欲しい財が減ったバンドル」が予算集合に入らない（自分の所得では購入できない）ものであるとしても（数式的には、$pdx>0$ となる場合）、このバンドルの消費は以前の最適化された端点解のもとでの消費水準よりも満足度が下がってしまうというだけの話である。一般に、端点解の事例では、内点解（すべての種類の財の消費量がゼロではなく、正の値を取る消費状況）の話に加えて、端点解の話を場合分けして議論しなければならなくなる。しかし、多くの場合において、理論の本質的な部分はそんなに変わらず、ただ記述が面倒になるだけだ（もちろん、端点解が重要になる話もあるので、その場合にはちゃんと説明すべきである）。というわけで、話を簡単にするために内点解だけに絞って議論を進めようというのが本章のスタイルである。

顕示選好の議論は、いくつかの仮定のもとで、社会厚生 $W(u_1(x_1), \ldots, u_n(x_n))$ と総消費量 $X = x_1 + \cdots + x_n$ の議論に拡張することができる。一つ目のアプローチは代表的個人を考えることであり、代表的個人は総消費量 X を消費し、その効用 $U(X)$ は社会厚生と同一視されることになる。しかし、このアプローチはすこぶる評判が悪い。総需要が代表的個人の振る舞いと一致するような場合でさえ、代表的個人の顕示選好を社会厚生と同一視するべき理由はない。Kirman（1992）が強調するように、人口のすべての構成員が実際には状態が悪化した場合にさえ、代表的個人は良くなっているように見えることがあるのだ◇4。

訳者メモ　　代表的個人と2人の個人の顕示選好が真逆になる例

　アラン・カーマン（Kirman 1992）は、簡単な2個人2財モデルを用いて、代表的個人の顕示選好と2人の個人の選好が真逆になることを例示している（図1）。実線の無差別曲線は個人1のもので、点線の無差別曲線は個人2のものとする。このとき、個人1、2ともに自分の消費バンドル x_i を消費バンドル y_i よりも強く選好している（$i = 1, 2$）。しかし、代表的個人の無差別曲線を見ると、代表的個人は総生産量 $X (= x_1 + x_2)$ を総生産量 $Y (= y_1 + y_2)$ よりも選好している。

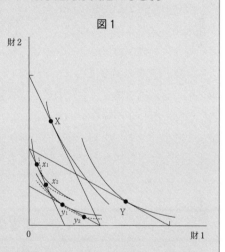

図1

　なお、代表的個人の選好が全員一致の判断と矛盾することを最初に指摘・例示したのは Jerison（1984, 2022）である。具体的な数値例に関心のある読者は参照されたい。

　もう一つのアプローチは、ポール・A・サミュエルソン（Samuelson 1956）によるもので、X が最適に分配されると仮定するものである。総消費量 X が最適

〔原注◇4〕直感的には、代表的個人は各個人よりもはるかに大きなバンドルを比較している。そのため、個人がまったく異なる選好をもつもとでは、価格の大きな変化に対して、個人の需要の総和を模倣するような需要をもつことがありうる。

に分配されるとは、制約式 $x_1+\cdots+x_n=X$ のもとで $(x_1,\ldots,x_n)$ が $W(u_1(x_1),\ldots,u_n(x_n))$ を最大化するということである。この仮定のもとでは、総消費量に依存する以下の厚生関数が存在する。

$$W^*(X)=\max W(u_1(x_1),\ldots,u_n(x_n))$$
$$\text{s.t. } x_1+\cdots+x_n=X \tag{1}$$

これは効用関数に非常によく似ており、市場配分の評価のために、総消費に対する顕示選好の議論を応用するのに役立つ。このアプローチの限界は、($x_1+\cdots+x_n=X$ が唯一の制約式という仮定に暗に含まれているように）消費や資産が一括移転によって自由に再分配できるという仮定が非現実的であること、また、現在の状況が社会的に最適だということである。これら二つの仮定のどちらかが成立しなければ、このアプローチは妥当性を失ってしまう。現状が最適ではない場合、社会厚生における改善は、明らかに、総消費量の価値の減少だけではなく、総消費量の減少とさえも併存してしまう◆4。歪みをもたらす税によって再分配が行われる場合、次善の最適な状態では、異なる個人間で所得の社会的限界価値は一般に不均等なままである。したがって、たとえ総消費量の市場価値が減少する場合であっても、社会的限界価値の大きい個人に有利となるように配分を変更することは、社会厚生を改善する可能性があるのだ。

1.2　厚生の分解

第三のアプローチは、社会厚生を総和と分配の要素に分解するものである。こ

〔訳注◆4〕「総消費量の価値」とは、ざっくり言えば、GDP のことである。ここでの「総消費量の価値」は金銭単位であり、「総消費量」は l 種類の商品の総消費量を示す l 次元ベクトルで、各成分の単位は重量単位などで計測される数量になる。なお、総消費量が最適に分配されていない場合、たとえば、総消費量は大きいが、分配面で著しい格差を伴う社会の状態 X と、総消費量では X より劣るものの、分配面では皆が納得できる程度の格差のより衡平な社会の状態 Y を比べた場合、Y の方が X よりも社会厚生が高くなるということが起こりうる。サミュエルソンのアプローチは、「外から与えられた社会厚生関数の観点から分配が常に最適化されているのであれば、総所得だけを見ていればよい」という主張にすぎず、分配が最適化されていないときのことは何も言っていないのである。

のとき、総和に焦点を当てることが正当化されるのは、社会厚生の分配面を無視するという明確な但し書きのもとでということになる。支出ないし所得上で直接定義される単純な社会厚生関数 $W(m_1, ..., m_n)$ を考えよう。この社会厚生関数は各項目について増加関数だと仮定する。セルジュ・クリストフ・コルム（Kolm 1969）とアンソニー・B・アトキンソン（Atkinson 1970）にならって、均等分配等価所得 $e(m_1, ..., m_n)$ を計算してもよいだろう。均等分配等価所得とは、すべての個人が均等にもらえる所得金額として定義され、所得分布 $(m_1, ..., m_n)$ と同じ社会厚生をもたらすものである。形式的には、$e(m_1, ..., m_n)$ は以下の方程式の解 x に等しい。

$$W(x, ..., x) = W(m_1, ..., m_n)$$

解 x は $W(m_1, ..., m_n)$ の値とともに増加するため、関数 $e(m_1, ..., m_n)$ は $W(m_1, ..., m_n)$ と序数的に等価である◆5。不平等回避的な社会選好においては、$e(m_1, ..., m_n)$ は平均所得より小さくなる。このことから、以下のように分解を書くことができる。

$$e(m_1, ..., m_n) = \frac{1}{n}\sum_i m_i \times \frac{e(m_1, ..., m_n)}{\frac{1}{n}\sum_i m_i} \tag{2}$$

ここで、上式の第2項は、分配に関する選好を表し、お待ちかねの第1項は総所得の倍数になる。この種の分解は一般化できるが、総所得や、平均所得、支出を表す項目を組み込みたい場合には、関数 W の変数は必ず所得や支出のベクトルにならなければならない。これはかなり大きな制約である◇5。

総支出を分解に組み込む他の方法もある。Slesnick（1998）は、ロバート・A・

〔訳注◆5〕「序数的に等価」とは、二つの関数がもたらす社会的評価の順序が一致するということである。つまり、二つの関数は社会的評価の観点からは事実上同じものだと見なせる。形式的には、いかなる二つの所得分布 $(m_1, ..., m_n), (m'_1, ..., m'_n)$ に対しても、$e(m_1, ..., m_n) \geq e(m'_1, ..., m'_n) \leftrightarrow W(m_1, ..., m_n) \geq W(m'_1, ..., m'_n)$ となることを二つの関数が序数的に等価であるという。

〔原注◇5〕価格が固定されている場合（もしくは、所得が物価変動の調整をされているか、少なくとも価格が相対価格である場合）に限って、個人の選好は尊重される。また、個人が極めて不平等なニーズをもつわけではない場合に限って、所得の不平等回避は守られる。

ポラック（Pollak 1981）の社会支出関数に基づいて、社会厚生を加法的に分解することを提案している。この関数は、基準価格ベクトル p^* のもとで、以下のように定義される。

$$V(x_1, \ldots, x_n) = \min p^*(y_1, \ldots, y_n)$$
$$\text{s.t. } W(u_1(y_1), \ldots, u_n(y_n)) \geq W(u_1(x_1), \ldots, u_n(x_n)) \tag{3}$$

通常の弱い条件のもとで、この関数は問題なく定義でき、$W(u_1(x_1), \ldots, u_n(x_n))$ と序数的に等価になる。スレズニックによる分解式の第1項は、価格 p^* のもとでのポラックの社会支出関数の値である。これは現在の価格 p^* のもとで評価した $(x_1, \ldots, x_n)$ の総所得を再分配することで得られる社会厚生の最大値に対応する社会的支出である。$(x_1, \ldots, x_n)$ が現在の価格 p^* のもとでの市場配分である場合には、これは p^*X に等しい。第2項は、$V(x_1, \ldots, x_n)$ と第1項の差分である。デール・W・ジョルゲンソン（Jorgenson 1990）は、第1項を総支出、第2項を総支出に占めるポラックの社会支出関数の割合とすることで、同様の分解を乗法的に行っている。

$$V(x_1, \ldots, x_n) = p^*X \times \frac{V(x_1, \ldots, x_n)}{p^*X} \tag{4}$$

関連するような分解式は、J. de V.グラーフ（Graaff 1977）がすでに提唱している。彼は、全員の現在の満足度を維持する任意の生産可能なバンドルの最小比率として効率性指標を計算している◇6。また、社会厚生を正規化し、現在の社会厚生水準を維持する任意の生産可能なバンドルの最小比率を用いた。さらに、衡平性指標を効率性と正規化された社会厚生の比として測定している。このとき、正規化された社会厚生は、効率性指標と衡平性指標の積となる。グラーフの効率性の項目はシトフスキー・フロンティア◆6に基づいている。残念なことに、スレズニックとジョルゲンソンが提案した分解式には、現状の配分の効率性に関する同様の尺度が欠けている。実際のところ、彼らは効率的な配分への配慮を制

〔原注◇6〕これは Debreu（1951）の資源利用係数とある種の類似性をもっている（資源利用係数とは、技術と選好を与件として、全員が現状の満足度を維持できる生産前の利用可能な資源の最小割合である。しかし、グラーフの尺度とは異なり、この係数は生産における純入力ないし純出力としての財の役割に依存する）。

限しているのである。一方、グラーフによる分解式は総支出を主役には据えておらず、彼の正規化された社会的厚生は、ポラックの社会的支出関数と異なり、生産可能性の変化に対して不変にはならない。この点は依然として研究の進展が望める領域だろう。

　微分可能性を仮定すると、以下の式の変形によって、微小な変化に対してはまったく異なる（より単純な）社会厚生の分解が得られるようになる。

$$dW(u_1(x_1), \ldots, u_n(x_n)) = \sum_{i=1}^{n} \frac{\partial W}{\partial u_i} du_i = \sum_{i=1}^{n} \beta_i p dx_i$$

　ただし、以下の式を得るために、$\beta_i = (\partial W/\partial u_i) du_i / p dx_i$ とする（$\bar{\beta}$ はその平均 $(1/n)\sum_{i=1}^{n} \beta_i$ を表す）$^{\diamondsuit 7}$。

$$dW(u_1(x_1), \ldots, u_n(x_n)) = \bar{\beta} p dX + \sum_{i=1}^{n} (\beta_i - \bar{\beta})(p dx_i - p dX/n) \qquad (5)$$

　この式は純粋に会計上のものである。経済的な行動に関する仮定は一切なく、任意の価格ベクトルに対してこの式が成立する。とはいえ、この式を読む上で、当初の価格ベクトル p のもとでの市場配分を念頭に置くのが最も素直な方法だろう。内点解の市場配分に対して、β_i は i に対する貨幣の社会的限界価値（すなわち、i に追加的に1ドル費やしたときに得られる W の最大値の増加分）に等しい$^{\diamondsuit 8}$。一般に、β_i は i に費やされた貨幣の増加分に対する実際の社会的限界収益にすぎない（内点解ではない配分においては、$p dx_i > 0$ かつ $du_i < 0$ のときに、β_i が負になることさえある）。分解式の第2項は、個人の社会的優先順位と消費の散らばりの相関関係$^{◆7}$に依存し、分配に関する項目としては非常に直感的で

───────────────

〔訳注◆6〕専門的な話になるので、経済学を専攻していない読者はこの段落の内容はあまり気にせずともよい。学部生向けに説明するのであれば、シトフスキー・フロンティアとは、あるパレート効率的な配分のもとで得られる効用水準と同じ満足度を各人に保証する資源配分の総量の軌跡である。つまり、適切な再分配を実施することで、すべての個人にある特定の満足度以上を保証できる資源総量の組としてシトフスキー・フロンティアを解釈できる。グラーフによる提案は、現在の消費状況がシトフスキー・フロンティア上にある場合、資源の効率的な利用が達成されているとして効率性指標を1とし、シトフスキー・フロンティア上にない場合、フロンティア上の効率的な配分とその配分の最小比率を効率性指標の値とするというものである。

〔原注◇7〕この式は、積の平均が平均と共分散の和の積に等しいという事実を用いている。

分かりやすいものである◇9。

　(4)や(5)のような式は、分配の問題は無視すると明示的に断っておくという前提条件のもとであれば、総支出の推移だけに注目することを正当化してくれるのだろうか。両式ともどんな価格ベクトルに対しても等しく計算できることから、このような分解をあまり大袈裟に受け止めるべきではないように思う。悪いニュースというものは、少しばかりの良い出来事と、はるかに悪い破滅的な出来事の組み合わせとしてしばしば記述することができるものだが、このようなごまかしが私たちを喜ばせてくれる理由になることはめったにないのである◆8。その一方で、このような分解に基づく社会厚生の推移の分析は、分解のすべての項目が計算されて表示されるという「前提条件」のもとであれば、明らかに有用な情報になるはずである。この観点から見れば、標準的な総所得や総支出は、全体像のなかの大事な一部なのだ（ただし、それ以上でもそれ以下でもない）。

〔原注◇8〕このケースでは比率 $(\partial u_i/\partial x_{ik})/p_k$ が k に依存しないため、すべての k に対して以下が成立する。

$$\beta_i = \frac{\partial W}{\partial u_i} \frac{\sum_{k=1}^{l} \frac{\partial u_i}{\partial x_{ik}} dx_{ik}}{p dx_i} = \frac{\partial W}{\partial u_i} \frac{\frac{\partial u_i}{\partial x_{ik}}}{p_k}$$

〔訳注◆7〕ここでは、個人の社会的優先順位は貨幣の社会的限界価値で与えられており、貧しい個人ほど一般に β_i が高くなる。(5)式の第2項は、貨幣の社会的限界価値と消費額の増加分の相関の尺度（この尺度は -1 から $+1$ の値に収まるように正規化されていないので相関係数ではない）になっており、たとえば、正の相関をもつ場合、貧しい人ほど所得額の増加があるという意味で分配上好ましいと考えられる。

〔原注◇9〕最適間接税や最適公定価格の分析で重要な役割を果たす「分配特性」（Feldstein 1972a, 1972b; Atkinson and Stiglitz 1980）と混同しないようにすべきである。分配特性は、β_i と商品の消費量の水準（分散ではない）の相関にしたがう。

〔訳注◆8〕エスプリを台無しにする野暮な訳注をあえて入れれば、ここで言う「悪いニュース」とは、「所得の総和が5％上がった（先進国では高成長と見なされる少しばかりの良い出来事があった）ものの、所得の分配が非常に悪化した（はるかに悪い破滅的な出来事があった）という状況」を念頭に置いている。

1.3　顕示選好の議論の一種

　Sen（1976）は、一種の顕示選好の議論を考察している。消費者の選好が凸であるとしよう。このとき、任意のバンドル x に対して、ある価格ベクトル p が存在して、任意のバンドル y に対して $py < px$ ならば x は y よりも選好される。この議論は、x が予算集合のなかで効用を最大化することを仮定しておらず、価格ベクトル p が市場価格と一致する必要もないことを意味している。実際、x のいくつかの成分は市場で売買されていなくともよい。

訳者メモ　　Sen（1976）による顕示選好の議論

　センの議論は、消費バンドル x を通る無差別曲線と点 x で予算集合が接するように価格ベクトル p を選べば（つまり、消費バンドル x の限界代替率と等しくなるように価格ベクトルを選べば）必ず成立する性質である。すなわち、価格ベクトル p を基準として、消費バンドル x の購入額よりも低いすべての消費バンドル y は x よりも望ましくないと言うことができる。センはこの議論を社会厚生に応用して、市場均衡価格で達成された消費配分の経済価値（GDP）の比較の問題を考えられるようにした。

　少し理解しづらい話なので、ここで、以下の議論を先取りしておこう。個人消費の場合と同様に、配分上で定義される（効用空間上ではないことに注意）社会厚生関数 $W(x_1, \cdots, x_n)$ が準凹性（凹性や準凹性とは、簡単に言ってしまえば、偏った分配よりも平等な分配の方を好むという性質）を満たせば、任意の配分（各個人の消費バンドルを集めたもの）$(x_1, \cdots, x_n)$ を通る社会的無差別曲線を考えて、配分 $(x_1, \cdots, x_n)$ に接するような予算集合をもつ価格行列（個人ごとに異なる価格ベクトルを n 人分集めた行列）を求めて先ほどの顕示選好と同様の話を展開できる。さらに、この配分が市場の均衡配分である場合、すべての個人は自分の予算集合のもとで効用を最大化しており、内点解を前提とすれば全員の価格比と限界代替率は一致する。したがって、個人 i と商品 k, l についての比率 p_{ki}/p_{li} がすべての個人 i に対して同一になる。つまり、各人が同一価格に直面する市場均衡配分の間の比較では、各人の所得水準の加重和で社会厚生の比較が可能になるのである。このとき、所得の順位に依存する分配ウェイトを与えて、さらに、人口の異なる集団間の社会厚生の比較では所得分布の情報だけで比較するという条件を加えると、分配ウェイトに基づく所得の加重和で各国の社会厚生を比較できることになる。

　センが説明するように、社会厚生が（数量空間上で直接定義される）準凹なバ

ーグソン＝サミュエルソン社会厚生関数 $\overline{W}(x_1, \ldots, x_n)$ によって測定される場合、この議論は直ちに社会厚生に拡張することができる。しかし、対応する価格ベクトル $\bar{p}$ は、nl 個の成分を持たなければならない。$(x_1, \ldots, x_n)$ が、すべての個人が同一の l 次元価格ベクトル p に直面する市場配分である場合、nl 次元ベクトルの $\bar{p}$ は、（個人 i と商品 k, l についての）比率 p_{ik}/p_{il} がすべての個人 i に対して同一になるように選ぶことができる。このとき、分配の選好を表す加重ベクトル $(\alpha_1, \ldots, \alpha_n)$ に対して、内積 $\bar{p}(x_1, \ldots, x_n)$ の計算は、単なる $\alpha_1 px_1 + \cdots + \alpha_n px_n$ という形にまとめられる。これらのウェイトを $\alpha_1 + \cdots + \alpha_n = n$ となるようにウェイトの尺度の調整を行うと、総和は以下の2つの項に分解することができる。

$$pX \times \frac{\alpha_1 px_1 + \cdots + \alpha_n px_n}{pX} \tag{6}$$

　もし $(\alpha_1, \ldots, \alpha_n)$ と $(px_1, \ldots, px_n)$ が正反対の順番になる場合◆9、すなわち、支出に対する不平等回避のケースでは、上式の第2項は1よりも小さい値になる。たとえば、ウェイトが（最も裕福な個人には1を与えるといった形で）$(px_1, \ldots, px_n)$ における個人の順位に単純に比例する場合、センは十分に大きな n に対して、以下の式が成立することを示した◆10。

$$\frac{\alpha_1 px_1 + \cdots + \alpha_n px_n}{pX} \simeq 1 - G(px_1 + \cdots + px_n) \tag{7}$$

〔訳注◆9〕所得の高い個人ほど低いウェイトが与えられるということ。センの原論文では、所得の「順位」が高いほど分配ウェイトが低下するという要求を公理として課している。専門家以外は気にせずともよい細かい注意点になるが、センは「所得の水準」ではなく、「所得の順位」に対してウェイトが低くなるという分配ウェイトを仮定している。

〔訳注◆10〕ここでセンが考察している方法は、分配に配慮するウェイトを所得の順位が一つ下がるたびに定数分だけ高くなるように設定して、その加重平均所得を社会厚生とするものである。これまた細かい補足になるため、専門家以外は気にせずともよいが、この方法は投票ルールで有名なボルダ投票を社会厚生の分配ウェイトに適用したものと見なすことができる。このとき、(7)式にあるように、人数が大きくなると、この加重和は非常に単純な「総所得×（1−ジニ係数）」という形に近似されることになる。なお、原注10でも指摘されているように、なぜウェイトの差分が定数になるべきか、その倫理的な理由・根拠は定かではないため、この方法論を積極的に支持しなければならない説得的な根拠はないことに注意されたい。

ただし、$G(px_1, \dots, px_n)$ はジニ係数である◇10。

1.4 アプローチの限界

本章で述べたアプローチの特筆に値する特徴は、(2) の所得アプローチと、(7) の消費額に基づいた順位による重み付けの二つを例外とすれば、個人間比較の方法について何も語らないということである。分配が最適であることを仮定したり、(4)〜(6) の分解式のように分配を別の項目に記述することで、分配上の判断をことさら特定せずに、総消費に焦点を絞ることが可能になるのである。これらの解釈のなかで言及される関数 $W(x_1, \dots, x_n)$ ないし $W(u_1(x_1), \dots, u_n(x_n))$ は、個人の福利の多くの異なる種類の評価に基づくことができるだろう。このことは、総支出に焦点を絞ることと、多くの異なる分配原理とが両立するため、長所と見なせる。しかし、分配を評価することまでをも望んだ途端に、一つの脅威が生じる。実際、(5) や (6) のような式では、個人の消費の金銭価値を個人の福利の尺度とすることが当然のように提案されており、実際、(7) 式では明示的に行われている。

しかしながら、大事な点は、この理論自体は個人の福利の尺度を採用する理由を何も与えていないことに気付くことである。これには独立した議論が必要となるが、ここではそのような議論の一例を紹介しよう。ジョン・ロールズ（Rawls 1971）や、ロナルド・ドゥオーキン（Dworkin 2000）が提唱する正義の理論では、社会正義とは資源を公平な方法で割り当てることである。個人は自分自身の「良い人生」の概念にしたがって、その資源を自由に利用することができる。内部資源（才能や障害）の違いを無視すれば、公平な分配とは、最も不遇な個人の資源の取り分を最大にするものである（資源の取り分の比較には市場評価が便利だろ

〔原注◇10〕これは、$a_i = 2r(i) - 1$（$r(i)$ を i の順位とする）として、十分に大きな数に対しては、比率 $(2r(i)-1)/(2r(j)-1)$ が $r(i)/r(j)$ と大差がなく、厳密な等式が成立するためである。しかしながら、このような順位に伴う加重は非常に特殊なものであり、一般に用いることはできない。実際、Hammond（1978）が示したように、このアプローチがもたらす配分上の部分順序が、パレート的社会厚生関数 $\overline{W}(x_1, \dots, x_n) = W(u_1(x_1), \dots, u_n(x_n))$ と両立可能になるのは、すべての個人のエンゲル曲線が線形かつ同一である場合のみである。

う）◇11。要するに、個人の資産が、個人間比較に適した尺度になる。このとき、個人の消費の市場価値は、資産の比較のための理に適った代理指標として擁護できる。

　しかし、個人の能力やニーズが均等ではない場合には、この議論は消費の市場価値を適切な尺度として支持することができなくなる。実用面での重要な例は、広い意味での消費の一部である余暇の評価とかかわっている。本章で取り上げた二つの顕示選好の議論は、いずれも個人の純賃金率を余暇の適切な評価として用いることを推奨する。個人間比較を控えるのであれば、この実践には何の異存もない。しかし、このように余暇を評価することは、完全所得（すなわち、稼得所得に余暇の価値を加えたもの）を個人間で比較するという誘惑をもたらすことになる。完全所得の大きい個人の方がより豊かであり、完全所得の格差を減らすことは望ましいと考えたくなるのである。これは、全体の評価から個人間比較を行うという外挿が大いに疑問視される例である◇12。この話は、市場において人々が異なる価格に直面するという頻繁に起こる状況の特殊例であり、適切なデフレーターを見つけるという問題を提起している。この問題については、次節で検討しよう。

訳者メモ　　**外挿とは**

　　外挿とは、「欠落しているデータを、既存のデータ分析の結果からその予測値を計算して、穴埋め・補完する作業」のことである。この話では、個人の余暇を含めた生活水準の経済的価値を、個人の時給換算で計算した「完全所得（＝所得＋余暇の経済的価値）」によって計算している。
　　この完全所得は個人間比較をしない場合には特に問題のない処理だと言えるか

〔原注◇11〕ロールズの基本財のリストには、基本的な諸自由、責任ある地位の権限と特典、自尊心の社会的基盤など、市場化できないものが含まれている。資産はその項目の一つにすぎないのである。

〔原注◇12〕完全所得を個人間で均等化すると、自由放任の状況から奇妙な反転が生じ、生産性の高い個人は生産性の低い個人に比べて厳密に小さな予算集合をもつことになる。さらに、生産性の高い個人は自らの税を払うために働くことを強制され、Dworkin (2000) が「有能者の奴隷化（slavery of the talented）」と呼ぶものが生じてしまう。公平性に関する文献では、生産性の異なる個人の資源の取り分を比較するいろいろな合理的方法が提案されている（第4章原注13を参照のこと）。

もしれないが、「完全所得の推計結果」で「個人間の福利を比較する作業」の補完を行うことは論理の飛躍ではないかというのがフローベイの指摘である。たとえば、何らかの障害・疾患を抱えている労働者と、障害のない労働者の間で、賃金も労働時間も同じであった場合、完全所得の上では両者の福利水準は同じだということになってしまう。しかし、同じ完全所得を得ていたとしても、障害者や疾患を抱える労働者の方が医療費、介護費用、住環境のバリアフリー化等で追加的な費用が生じているため、障害をもつ労働者はそうではない労働者よりも福利の水準が低いと考えるのが妥当であろう。この他、生育環境や才能の違いにより、人一倍の努力を強いられた苦労人とそうでもなかった恵まれた個人を完全所得という尺度で比較することには躊躇が残るだろう。

<table>
<tr><td>訳者メモ</td><td>デフレーターの必要性</td></tr>
</table>

訳者メモ　デフレーターの必要性

　障害者が健常者と同等程度の生活を送るためには、建物等のバリアフリー措置や介助者が必要になる等、追加的な費用が発生する。その意味において、障害者は「異なる価格」に直面していると考えられる。また、国際比較や異時点間比較の場合、関税・貿易規制・最低賃金を含む税制・労働政策・優遇政策等の措置が異なる上、扱われている商品の種類・質、それらの商品に対する消費者の好み、生産条件にも違いがあるため、「異なる価格」に直面している（正確に言えば、異なる価格、異なる商品、異なる好み、に直面している）。たとえば、日本における味噌と餅米の価値は日系人の占める割合の少ないアメリカの同商品の価値とは異なる。同様に、中南米からの移民が多いアメリカの一部地域におけるトルティーヤの価値と日本における同商品の価値は異なるだろう。最低賃金の高い国・地域では労働を多く投入する商品（貿易のできない労働集約財）の価格は当然のように高くなる。そのため、異なる価格体系の調整項「デフレーター」が必要になるとフローベイは指摘する。なお、よく知られているように、異時点間比較では通常、「GDPデフレーター」を用いて物価水準の変動を補正するし、国際比較では通常、「購買力平価」を用いて、為替と購買力の違いを補正する。配慮すべき環境・事情をもつ個人の能力・努力・ニーズの差に起因する「異なる価格」に直面する場合であっても、同様の調整項を導入すればよいと考えられるだろう。しかし、これらの処置は次の節の価格指数でも述べられるように、残念ながら、完全な処置というわけではない（とはいえ、無意味なものでも決してない）。したがって、各処理方法の欠点を十分に理解した上で、一つの尺度を過剰に信奉しすぎず、複数の尺度を組み合わせて、適材適所で合理的に判断・評価することが大事なのである。GDP信仰を批判して生まれた「Beyond GDP」の話が、新たな「Beyond GDP信仰」を生み出して、「Beyond GDPを超えるプロジェクト」というものを生み出すようなイタチごっこの状況は避けなければならない。その意味においても、多様な指標を用いて現状を把握し、改善していくという「計器盤アプローチ（ダッシュボード・アプローチ）」の重要性が唱えられているので

ある。

　本章で説明した理論のもう一つの限界は、その目的が「Xのもとでの価格pに対して、$pX > pY$ならば、Xは何らかの意味でYより望ましい」という主張をただ正当化するためだけにあるということである（ただし、分解式の(2)〜(5)は除く）。これが著しく偏った基準をもたらすことになるという明白な事実の他にも、二つの特定の問題を強調しておく価値はあるだろう。

　重大な欠陥の一つは、このアプローチは、国際比較や長期にわたる異時点間比較のような二つの「異なる」人口集団の状況比較には使えないということである。分解式(4)と(5)でも同様の問題を抱えている。このアプローチは、与えられた選好をもつ与えられた人口集団に対しての消費の変化を検討することに役立つだけにすぎないのだ。Sen (1976) はこの問題を検討し、人口規模ではなく、個人の状態の統計的な分布のみが重要であるという穏やかな原理を追加したもとでは、限定的な形にはなるが、このアプローチを人口集団間の比較に拡張できることを示した。つまり、もしある国の人口集団が他国の消費の「分布」を与えられたならば、自国の場合よりも良くなるか確認することができる。具体的には、これは$\alpha_1 px_1 + \cdots + \alpha_n px_n > \alpha_1 py_1 + \cdots + \alpha_n py_n$となるか調べることで確認できる（ただし、$i = 1, ..., n$は具体的な個人ではなく$n$分位を表す）。しかし、このような比較は依然として不完全なものである。たとえば、A国がB国よりも（自国から見て）豊かであり、B国もA国よりも（自国から見て）豊かであるという状況さえ起こりうるのだ[◆11]。

〔訳注◆11〕センの提唱した方法を非常に荒っぽく言うと、最初に、一定の仮定を満たす社会厚生関数によって所得順位に応じた「分配ウェイト」が決まる。このとき、「自国の均衡価格」で評価した各人の消費金額（＝所得金額）に、その「分配ウェイト」を掛けて足し合わせることで、「分配調整済みの加重平均GDP」を計算し、その加重平均GDPを社会厚生の尺度にするというものである。国際比較では、自国の均衡価格を用いて他国の消費を評価し、自国と他国の加重平均GDPのどちらが高いかを比較する。当然のことながら、分配ウェイトが同じものであっても、「日本の均衡価格」と「アメリカの均衡価格」は異なるため、日米の消費量を「日本の均衡価格」で評価すると「日本の加重平均GDP」がアメリカよりも高くなり、「アメリカの均衡価格」で評価すると「アメリカの加重平均GDP」が日本よりも高くなるということが起こりうる。

もう一つの限界は、この基準がいくつかの比較においては何も語ってくれないということだけではなく、白黒つけられるような場合であっても、GDP などの指標の数値で得られるような、厚生の変化に関する「定量的な」評価は得られないということである[◆12]。明確に定義された特定の価格のもとでの総消費額の推移に定量的な意味をもたせることができるのは、(4) と (5) の分解式においてのみである。数値上の推計を得るためのより直接的な試みは、指数理論のなかに見出すことができる。

1.5 指数を求めて

Fisher (1922) が創始した指数理論は三つの方向から発展してきた。一つ目は、価格指数 $P(p^1, p^0, x^1, x^0)$ と数量指数 $Q(p^1, p^0, x^1, x^0)$ に対して望ましい性質を定義するものである（ただし、p^t と x^t は時点 $t = 0, 1$ における価格と数量のベクトルを表す）。このような性質の例として、ここでは以下の三つのものを挙げておこう。第一のものは、価格指数と数量指数の積は、価値指数と等しくなければならないというものである[◆13]。第二のものは、価格ベクトルが変化しないとき、数量指数は価値指数に等しくなければならないというものである。第三のものは、時間を反転させると指数の値の逆数がもたらされるというものである。

$$P(p^1, p^0, x^1, x^0) Q(p^1, p^0, x^1, x^0) = \frac{p^1 x^1}{p^0 x^0} \tag{8}$$

$$Q(p, p, x^1, x^0) = \frac{p x^1}{p x^0} \tag{9}$$

〔訳注◆12〕先の訳注で説明した例を再利用すると、日米の「分配調整み加重平均 GDP」のどちらも「日米両国の均衡価格」から見て自国の方が高くなるという意味において、「結論を出せない沈黙してしまう状況」にあった。一方、「日米両国の均衡価格」で評価しても「アメリカの加重平均 GDP」の方が日本よりも高いということがある場合には、「アメリカの社会厚生は日本よりも高い」と言うことができる。しかし、「加重平均 GDP」で表現されるアメリカの社会厚生が日本の社会厚生と比べて「いくら高いのか」（あるいは「何 % 高いのか」）という数量的な話はできない。

〔訳注◆13〕価格指数は物価水準、数量指数は消費水準を指す概念である。その結果、「価格×数量＝総消費額」を示す価値指数が得られることになる。

$$P(p^1,p^0,x^1,x^0)P(p^0,p^1,x^0,x^1)=1 \tag{10}$$

　W. E. Diewert（1992b）は、このような公理を21種類含むリストを提示し、以下にあるフィッシャー指数の組がそれらの公理すべてを満たす唯一のものであることを示した（ただし、この特徴付けにはかなり議論を呼ぶような公理も含まれている）◇13。

$$P^F(p^1,p^0,x^1,x^0)=\left(\frac{p^1x^0}{p^0x^0}\frac{p^1x^1}{p^0x^1}\right)^{1/2}$$

$$Q^F(p^1,p^0,x^1,x^0)=\left(\frac{p^0x^1}{p^0x^0}\frac{p^1x^1}{p^1x^0}\right)^{1/2}$$

　たとえば、ラスパイレス指数とパーシェ指数が(10)を満たさないことを確認されたい。しかし、第一の系譜であるこの理論の諸公理は、厚生上の配慮とは直接関係しないため、このことが重大な欠陥となっている。

　指数理論の第二の系譜は、価格と数量のデータにだけ依拠するものの、等価変分のような厚生変化の尺度の良い近似となる指数を求めるものである。Diewert（1976, 1992a）は特定の支出関数の関数形を求めるというアプローチを提案している。その支出関数は、(1)任意の2回微分可能な支出関数に対して2次近似できるほど柔軟で、(2)対応する等価変分が価格と数量のデータにだけ依拠するほど単純なものである。このようにして得られた等価変分の尺度を Diewert は「最良（superlative）」と呼び、以下にあるラスパイレス指数とパーシェ指数の幾何平均（すなわち、フィッシャー指数）や、その算術平均に関するものを例として挙げている◇14。

$$p^0x^0\left[\left(\frac{p^0x^1}{p^0x^0}\frac{p^1x^1}{p^1x^0}\right)^{1/2}-1\right] \tag{11}$$

$$p^0x^0\left[\frac{1}{2}\frac{p^0x^1}{p^0x^0}+\frac{1}{2}\frac{p^1x^1}{p^1x^0}-1\right] \tag{12}$$

〔原注◇13〕(8)と(10)および指数が正であるという要件に加えて、この特徴付けは、期間0と1のウェイト間の対称性を課す以下の性質に依存する。
$$P(p^1,p^0,x^1,x^0)=P(p^1,p^0,x^0,x^1)$$
$$Q(p^1,p^0,x^1,x^0)=Q(p^0,p^1,x^1,x^0)$$
〔原注◇14〕第2の式は、Weitzman（1988）で提案されたものである。

| 訳者メモ | 等価変分とは |

　等価変分とは、価格の変化によって生じる効用の増減を貨幣単位で表した尺度の一種である。等価変分では、変化前の価格を基準価格として、価格変化後の貨幣単位の効用と変化前の貨幣単位の効用の差分を取る。つまり、等価変分という尺度は、もし価格が変わらなかった場合に、価格変化後に得られる効用水準と等しい満足度になるためには、現在の所得水準よりもいくら金額が不足ないし充足しているのか計測している。類似した尺度に補償変分があるが、こちらは変化後の価格を基準価格として、価格変化後の貨幣単位の効用と変化前の貨幣単位の効用の差分を取ったものになる。

　この方法の限界は、厳密に局所的◆14なものであり、大きな厚生変化の分析には使えないということである。局所的な応用の場合であっても困惑するようなことが起こりうる。等価変分を良く近似するように装った異なる表現が特定の状況のもとでは異なる符号を持ちうるのだ◇15。価格と数量のデータでは、局所的な場合であってさえも、近似結果が厚生変化の符号を完全に決定することはできないという厳しい現実から逃げられないのである◆15。

　Samuelson and Swamy (1974) によって始められた第三の系譜は、先ほどの段落で検討したものとは逆に、指数の典型的な特徴は残しつつ、単なる価格や数量ではない個人の選好に依存する指数を求めている。とりわけ興味深い提案は、貨幣単位の効用関数 $e(p^*, u(x))$ である。これは支出関数 $e(p, u)$ から導出され、基準

〔訳注◆14〕「局所的」という用語は、「小さな変化に対して」という意味である。このケースでは、価格と数量の僅かな変化に対して、「局所的には社会厚生を示す」と主張される最良指数の変化の問題を考えている。

〔原注◇15〕たとえラスパイレス指数とパーシェ指数が恣意的に 1 に近いような場合であっても、その幾何平均が 1 よりも小さくなる一方で、算術平均は 1 よりも大きくなることが起こりうる。この一見矛盾した結果は以下のように説明される。等価変分の各式が正しいのは、初期時点での効用 u^0 と最終的な効用 u^1 の範囲内において、真の支出関数が特定の柔軟な関数（各式に一つずつ）に完全に等しいときだけである。そうではない場合、誤差項が存在することになる。この誤差は u^1 が u^0 に近づくとゼロに収束するが、収束過程の最初から最後に至るまで、誤差が厚生の変化率よりも大きいままの場合がある。Diewert (1992a) では、異なる式を 2 次近似できるという結果を示しているが、これは p^1 と x^1 が各々 p^0 と x^0 に比例する場合に対してのみ成立するものである。なお、x^1 が x^0 に比例することは、等価変分の 2 つの式(11)と(12)が等しくなるための十分条件であることに注意されたい。

価格 p^* のもとで x と同じ満足度を得るのに必要となる最小支出を計算する。したがって、この効用は貨幣単位で測られることになる。もう一つの有名な提案は、線分効用関数である。この関数は、ある参照基準バンドル x^* に対して、x と $u(x)x^*$ が無差別になるように定義される。この効用は単位をもたないが、あるバンドルの比率に対応しているため、数量指数のように扱うこともできる[16]。このアプローチは、価格や数量だけでなく、選好に関するデータも必要とするため、要求がさらに厳しくなっている。その代わり、これまでのアプローチとは対照的に、これらの指標は常に選好を反映できることになる。もう一つの興味深い特徴は、倫理的に正当化できるのであれば、このアプローチを異なる選好をもつ異なる個人間の比較に使えるということだ。貨幣単位の効用（King (1983) は「等価所得」とも呼んだ）は、1970年代から1980年代の初めにかけて流行し[17]、この効用関数を社会厚生の評価の文脈で用いることに対してさまざまな批判が提起されることになった。これらの批判については第3章で検討する。

　Pollak (1981) の社会支出関数に基づいて、貨幣単位の効用関数を社会レベルに直接適用することが提案されている。実際に、(3) で定義される関数 $V(x_1, ..., x_n)$ は、基準価格 p^* のもとでの社会的な貨幣単位の効用関数である。貨幣単位で表されるため、社会厚生関数 $W(u_1(x_1), ..., u_n(x_n))$ にどんなものが採択されても、その時間を通じた推移は GDP の推移と比較することができる。この方法論にしたがって、たとえば、Jorgenson（1990, 1997）や Slesnick (2001) は、家計の間接効用関数に特定の関数形を大胆に適用し、（総需要が推定できるように制約

〔訳注◆15〕上式の (11) 式と (12) 式で定義される最良指数が、消費と価格の同じ変化に対して真逆の結果になるということを揶揄した表現である。フローベイの批判の論点は、①最良指数による社会厚生上の判断は局所的なもので、価格や数量の大きな変化に対しては何も言えない、②価格や数量が僅かに変化した場合の社会厚生上の判断であっても、算術平均版の最良指数では社会厚生が上がったと判定される一方で、幾何平均版の最良指数では社会厚生が下がったと判定される真逆の結果が得られるという意味で使えない、という二つの話から成っている。

〔原注◇16〕この関数は、Malmquist (1953)、Samuelson (1977)、Pazner (1979) などでも論じられており、Deaton (1979) が研究した「距離関数」とも関連性がある。その距離関数は式 $d(v, q) = 1/u(x)$ によって定義可能であり、u は q を参照基準とした線分効用関数、v は x における個人の（任意の効用関数に対する）効用水準とする。

〔原注◇17〕特に Deaton and Muellbauer (1980) を参照されたい。

を加味した上で）需要データを用いてその関数を推定した。さらに、不平等回避を組み込んだ社会厚生関数を定義し、社会厚生の指標 $V(x_1, ..., x_n)$ を計算した。これらの関数が本質的に支出の対数値に対応するという美しい特徴を除けば、ジョルゲンソンとスレズニックが選択した効用関数の特殊な計算法にはあまり正当性がない。明らかに、ポラックのアプローチにおける大きな限界は、明確に定義された社会厚生関数を投入要素として必要としていることであり、社会厚生関数を作るにはまったく役に立たないということなのだ。このアプローチは、社会厚生関数を金銭的な指標に変換する際にのみ有用なのである。さらに、一般に、これを異なる選好をもつ人口集団の間の状況比較に拡張することはできない。そのような拡張のためには、すべての効用関数のプロファイル $(u_1, ..., u_n)$, $(u'_1, ..., u'_n)$ と、それに対応する社会厚生関数 W, W' に対して、関数 V, V' が以下のようになることが求められる。

$$V(x_1, ..., x_n) = V'(x'_1, ..., x'_n)$$
であるとき、かつそのときにのみ、　　　　　　　　　　(13)
$$W(u_1(x_1), ..., u_n(x_n)) = W'(u'_1(x_1), ..., u'_n(x_n))$$

これはかなり厳しい性質である。元の社会的順序が個人レベルでは（V, V' に対して用いられるのと同じ基準価格 p^* のもとでの）貨幣単位の効用に基づいている場合、この式は満たされる。しかし、その妥当性の範囲がどれほど広いものであるかまでは分からない◇18。したがって、このアプローチは、個人レベルで

〔原注◇18〕社会厚生関数 $W(u_1(x_1), ..., u_n(x_n))$ を考えよう。これは個人の貨幣単位の効用の関数として書き直すことができ、$W(u_1(x_1), ..., u_n(x_n)) = \widehat{W}(e(p^*, u_1(x_1)), ..., e(p^*, u_n(x_n)))$ となる。関数 $V(x_1, ..., x_n)$ は、価格 $(1, ..., 1)$ のもとでの $\widehat{W}$ の支出関数の値にすぎないため、以下が成立する。

$$V(x_1, ..., x_n) = \min e_1 + \cdots + e_n$$
$$\text{s.t. } \widehat{W}(e_1, ..., e_n) \geq W(u_1(x_1), ..., u_n(x_n))$$

したがって、(13)式は、対応する $\widehat{W}$ と $\widehat{W}'$ が価格 $(1, ..., 1)$ において、同じ支出関数をもつことを意味する。このこと自体は、$\widehat{W}$ と $\widehat{W}'$ の序数的性質にいかなる論理的制約を置くものではない。しかし、ある特定価格のもとで支出関数が同じものになることは、起こりそうにない偶然の一致に見える。いま、$\widehat{W}$ と $\widehat{W}'$ がすべての価格のもとで同じ支出関数をもつのであれば、両者は同じものになる。すなわち、社会的順序は常に個人の貨幣単位の効用上の同一の社会厚生関数 $\widehat{W}$ として定義されることになる。

の貨幣単位の効用を応用する場合と比べて、あまり大きな発展がないのである。

　結論を述べよう。初期価格ないし最終価格のもとでの総消費の市場価値は、厚生変化の部分的な指標（不完備順序、分配の無視、という少なくとも二つの意味で部分的）としてある程度は正当化できるものの、包括的・定量的な評価としてはほとんど役に立たない。ここで述べたアプローチの大半は、「異なる」選好がかかわる異なる状況の比較ではなく、「所与」の選好における予算集合やバンドルの比較に制限されるという大きな制約がある◇19。この点において、個人レベルの貨幣単位の効用がより有望だと考えられるため、第3章で取り上げよう。

〔原注◇19〕Weitzman（2001, p.8）から引用する以下の見解は、二国間で同一の選好を仮定することを正当化するものであり、おそらく多くの研究者に共有されているものであろう。「任意の二つの状況間で何らかの形で選好が比較できると仮定しない限り、一般的な厚生の比較を厳密に行うことはできない」。これが過度に悲観的なものであることは第3章で論じよう。

NNP とグリーン会計

訳者による 第2章の概要

　本章では、世代をまたぐ社会厚生の比較の問題を検討する。世代をまたぐ社会厚生の比較をする際には、将来世代の利益・不利益を考慮に入れることは当然であり、素直な評価の方法の一つは、「将来にわたる消費の割引現在価値の総和（＝ある消費経路がもたらす資産の経済的価値）」を「世代をまたぐ社会厚生」と見なすことである。この消費の割引現在価値の総和は、完全市場における代表的個人の最適化のもとでの均衡経路で計算すると、国民純生産（NNP）と関連付けることができる。NNP は自然環境の経済的価値の減少分を国民総生産から差し引くため、しばしば「持続可能性」や「世代をまたぐ社会厚生の尺度」と解釈されることが多い。つまり、NNP が高くなれば、「持続可能性は高まった」や、「世代をまたぐ社会厚生が高まった」と理解される。しかし、この NNP の値は「完全市場」のもとでの「代表的個人の最適化」を前提にした均衡経路で計算されるものなので、実用的に必要とされる「あらゆる消費パターンを評価する問題」には使えない。そこで、均衡経路にはない消費パターンも評価できるように、消費・投資・資本の補修などの要素を加味した修正版のモデルで、新たに「消費の割引価値の総和」を計算して、適宜変形・整理すると、以下の式が得られる。

　　　割引率 × 消費の割引現在価値の総和
　　　＝ t期の消費額 － t期の資本ストックの経済的価値の増減

　上式の右辺は NNP に見えるため、この値をそのまま NNP や世代間の社会厚生の尺度として使えるように思える。しかし、その実態はまったく異なる。第一に、右辺の第2項にある資本ストックの経済的価値は通常の市場取引価格で計算されるものではなく、資本ストックの限界価値を真の価格として計算するものである。市場での取引価格と真の価格は一般には等しくならない上、資本ストックには経済的価値の計測・予測が困難である無形資産や自然資本が含まれている。そのため、資本ストックの真の価格を推定することは実務上不可能に近い。第二に、このモデルでは消費は一次元の変数となっているため、複数の消費財があるケースを扱うことができない。さらに、「消費の割引現在価値の総和」で評価しようとすることは、この総和さえ変わらなければ、消費水準の低い人から高い人に逆進的に消費を移転したとしても問題ないと見なされるため（つまり、不平等に配慮できないため）、社会厚生の尺度としてふさわしくない。

　前段落で挙げた第二の問題点については、モデルを修正することで対処できなく

もない。具体的には、複数の消費財が存在し、代表的個人の効用関数が凹関数であるようなモデルを考えればよい。このモデルにおいて、とても強い仮定が満たされる場合には、NNPを「局所的な社会厚生の尺度」（すなわち、市場のほんの僅かな変化に対して社会厚生が増えるか減るかが分かる尺度）と見なすことができる。しかし、そんな局所的な評価の場合でさえ、非常に強い仮定が要求されるということに注意されたい。

　その上で、この修正モデルの結果についても、第1章の社会的な顕示選好に伴う欠点がつきまとうことになる。すなわち、①NNPは社会厚生の「定量的な尺度」ではなく、良くなるか悪くなるかを限定的に判定するだけの「定性的な尺度」にすぎない（NNPの数値に定量的な意味はなく、NNPが10%増えたからといって社会厚生が10%増えたわけではないし、NNPが30億円増えることは社会厚生が30億円増えることを意味しない）、②国内・海外の消費者が異なる選好をもち、異なる消費・投資パターンが取られて、国際的に異なる消費財・資本財の価格が実現するため、NNPに基づく社会厚生の国際比較はできない、ということである。加えて、資本ストックの真の経済的価値の推定は困難であり、正しい推定はできないという問題も変わらず健在である。さらに、NNPを「持続可能性の尺度」と見なせるのは、未来永劫にわたって各世代が予め決められた消費と投資を行なっているときにすぎない。将来世代を犠牲にする形で現在世代が当初の消費計画よりも多くの消費水準を得た場合、現在のNNPが高くなることはあっても、実際には持続可能性は低下しているのである。その意味において、NNPを社会厚生・持続可能性の尺度として用いることには問題があることが指摘される。

　「世代をまたがる利益・不利益の問題」を評価する上で、消費ないし効用の「割引価値」の総和を計算するという方式は自然に見えるかもしれないが、多くの研究者は将来世代の利益・不利益を割り引くこと自体を「世代間の最低限の衡平性」に違反する不当な扱いと見なしている。しかし、将来世代の利益・不利益を割り引かずに評価すれば、匿名性（世代間で効用水準を入れ替えても社会的な評価は変わらないという性質）とパレート性（どの世代の効用も下がることなく一部の世代の効用が上がることは社会的に望ましいという性質）の両立不可能性を引き起こすことが知られている（本文中の例を参照）。このように割引和に基づかずに無限の世代の社会厚生を評価しようとする試みには大きな問題があるため、世代をまたがる社会厚生の実践的な方法論として、有限期間で不確実性下の社会的評価を行う道を模索するのがよいかもしれないとフローベイは論じる。さらに、実践的な社会評価のためには世代間にまたがる社会厚生の比較を断念し、①特定世代・集団の社会厚生の評価を行うこと、②社会厚生の推移を直接予想すること、といったより単純な問題に限定するアプローチも提案している。

理想を言えば、総消費は生涯にわたって計算されるべきである。あるいは、最低でも人生の何らかの合理的と言える期間内において計算されるべきだ。国民所得やGDPのような統計量は、消費や貯蓄（あるいは投資）を足し合わせている。もちろん、貯蓄を個人の効用の変数と見なして、前章のように話を進めることもできるが、将来の消費（あるいは遺産）の見通しから貯蓄の効用を導出する厳格な処理に比べると、はるかに満足できるものではない。さらに、現在の生活水準の持続可能性を心配に思うことは大事なことであるし、将来世代を社会厚生の計算に組み込むことは倫理的に望ましいように思われる。このような観点に立てば、天然資源が枯渇してしまい、ずっと遠い将来の消費の見通しを低下させるのであれば、その枯渇を単なる目先の消費として勘定するべきではないだろう。したがって、NNP（Net National Product：国民純生産）◇1が投下された資本に対してそうするように、資本ストックの減耗分を組み込むという考え方は、この観点から理に適ったものだと思われる。本章では、近年よく見かけるようになったNNPや「真の貯蓄◇2」のような集計量を計算することの長所と短所を検討する。

2.1　資産、社会所得、厚生

　長い間、NNPは持続可能性の考え方に関連するものとして理解されてきた。持続可能な消費とは、Nordhaus and Tobin（1973）において「未来に釣銭をごまかさずに社会が消費できる量」（p.38）と定義されたものである。より正確には、将来にわたって一人当たり消費を一定に保つことができる消費の総量（この総量では技術進歩によって埋め合わされる一人当たり資本の減少分も含む）、あるいは、一人当たり消費の成長率を技術進歩の成長率と等しく保つことができる（前

〔原注◇1〕グリーン会計に関する文献でよく用いられている略語であるため、ここではNNPと表記する。GDPとの違いは、「総（gross）」と「純（net）」の違いである。もう一つの違い（「国内（domestic）」と「国民（national）」の違い）は実務上重要なものではあるものの（多くの観測者は、グローバル化によって国内生産が国民所得よりも重要でなくなった時期に、国民経済計算がGNPからGDPに変わったことを残念に思っている）、複雑な問題を引き起こすものではなく、本章の論点とは関係がない。
〔原注◇2〕「真の貯蓄」という表現は、Hamilton and Clemens（1999）によるものである。

者よりも低くなる）総量のいずれかで定義することができる$^{◇3・◆1}$。人口増加と技術進歩がない場合、持続可能な消費は、（複数の資本財の評価において起こりうる複雑さを無視すれば）資本ストックを一定に保つことができる消費量であり、これがノードハウスとトービンが描いた NNP に対応することになる。

　より最近の研究では、NNP と世代間の社会厚生を関連付ける試みがなされている。前章の見解に立てば、異時点間の可能性を捉える最も自然な考え方は、総消費の尺度を拡張して、将来の消費の流れ全体を取り込み、「資産のような」数量を得ることである（Samuelson 1961）。NNP は利用可能な資本ストックがもたらす所得の指標と見なすことができるので、NNP と消費の割引現在価値として測定される資産の間には密接な関係があると考えることができる。そのような関係は Weitzman（1976）によって初めて示された。続いて、このアプローチについて解説することにしよう。グリーン会計に関する先行研究の多くが最適成長経路に焦点を当てており、実用的な関心はあまりなかった$^{◇4}$。しかしながら、Dasgupta and Maler（2000）や Asheim（2007a）にならえば、任意の経路に対する理論を展開することができる。

　時間の区間 $[0, +\infty)$ 上の消費 C_t（実数）は、S_t で表記されるストックの実数ベクトルの推移によって制約されるとしよう。ストック変数 S_t には、生産資本、天然資源、技術知識、消費の可能性に影響を及ぼすあらゆる種類の社会資本や人的資本が含まれる。これらのストックの時間を通じた変化は、以下の一連の方程

〔原注◇ 3〕Nordhaus and Tobin（1973, p.34）は、以下のように論じて、第二のアプローチを支持する。「我々の提案する尺度は、…（中略）…より厳格なものであり、人々が示している社会的選好とより調和しているように思う。子孫が技術進歩の恩恵を受けられるであろうという理由で、現在世代が資本を消費してしまうということを我々が観測したことはない」。自然資本のことを考えるに、軽薄なアプローチ、もしくはもっと性質の悪いアプローチが実際には蔓延していたと反論する人もいるだろう。

〔訳注◆ 1〕1973年の論文で、ノードハウスとトービンは、現在世代は将来世代の利益を考えて、資本を食い尽くすようなことはしていないと論じている。その上で、自分たちが提唱する持続可能な消費水準の現在割引価値を見ることこそが社会厚生関数に基づく社会的な顕示選好と整合的になると信じている。しかし、フローベイは自然環境と気候変動の問題については楽観視できず、むしろ逆の事態が起きているのではないかと懐疑的なようである。訳者も同感である。

〔原注◇ 4〕この理論の統合は、Asheim（2000）と Heal and Kristrom（2005）によってもたらされた。

式によって決まる[2]。

$$\frac{dS_t}{dt} = F(S_t, C_t, R_t)$$

　これらの方程式において、R_t は研究開発や補修のための投資の操作変数のベクトル、F は関数のベクトル（S_t の各要素に対して一つ）である。外生的な技術進歩はないとしよう。このことは S_t がいかようにも包括的なものにできることから部分的に正当化できよう[5]。人口は一定と仮定する[6]。

　任意の部分区間 $[t, +\infty]$ 上ですべての変数 C, S, R の変遷の経路を、t 期に利用可能なストック S_t の関数として定義する任意のプログラム[7]を考えよう。本章を通して、このプログラムは t とは独立で、時間整合的であると仮定する。このプログラムのおかげで、将来の消費経路の現在価値を計算する関数を以下のように定義できる[3]。

$$Z(S_t) = \int_t^{+\infty} e^{-\delta(\tau-t)} C_\tau(S_t) d\tau \tag{14}$$

　これに対応する一定の等価消費（すなわち、同じ割引現在価値をもたらす一定の消費量）は、$Z(S_t) / \int_t^{+\infty} e^{-\delta(\tau-t)} d\tau = \delta Z(S_t)$ に等しい。

〔訳注[2]〕経済学を専攻していない読者は数式に戸惑うかもしれないが、ここで述べていることは、現在の消費は、今ある天然資源（土地・水・森林・気候・農作物・エネルギー資源など）、機械設備、教育の質と量、生産技術の水準のもとで決まると言っているだけである。また、現在の消費水準を増やしすぎれば、天然資源の浪費につながったり、他の生産設備に回せるお金がなくなってしまうため、資本ストックが減ってしまうという関係性がある。もちろん、生産設備の補修や、天然資源の回復のために資金を投入すれば、資本ストックが回復するという関係性もある。これらの関係性が各数式に表現されているというだけのことである。

〔原注[5]〕しかしながら、気候変動や交易条件の変化は、技術が時間に依存することを求めるだろう。

〔原注[6]〕人口が変動するケースについては、Arrow, Dasgupta, and Maler（2003b）を参照されたい。

〔原注[7]〕既存文献において、これは「資源配分メカニズム」と呼ばれている。Dasgupta and Maler（2000）において「プログラム」とは、将来にわたるすべての変数の特定の経路である。

このプログラムが必ずしも最適なものや効率的なものである必要はないことに留意されたい。それにもかかわらず、対応する「会計価格」$p_t = \nabla Z(S_t)$ を計算することができる。ただし、∇ は勾配を表す[8]。プログラムが t から独立で、時間整合的であるという仮定から、$Z(S_t)$ の時間を通じた推移は以下に等しくなる。

$$\frac{d}{dt} Z(S_t) = p_t \frac{dS_t}{dt}$$

また、(14)式より、直に以下を計算できる。

$$\frac{d}{dt} Z(S_t) = \delta Z(S_t) - C_t(S_t) + \int_t^{+\infty} e^{-\delta(\tau - t)} \nabla C_\tau(S_t) \frac{dS_t}{dt} d\tau$$

ただし、時間整合性はこの経路において $C_\tau(S_t) = C_\tau(S_{t+dt})$ となることを求めるため、上式の最後の項はなくなる[9]。

これら二つの等式を組み合わせることで、以下が得られる。

〔訳注◆3〕プログラムは、資本ストック S_t に対して、現在の消費水準、資本ストック、研究開発・補修の水準を決めるだけではなく、将来の資本ストックも決めるため、自動的にそれ以降の未来の状態も決めるものになっている。各期の消費水準は各期の資本ストックで決まるため、あるプログラムのもとでの消費水準の現在割引価値の総和が(14)式の形で計算できることになる。なお、このプログラムが時間と独立であるとは、現在だろうが、未来だろうが、同じ資本ストックの組み合わせに対しては同じ計画を策定するということである。また、時間整合的であるとは、本章原注9で説明されているように、過去に立てた計画を今になって見直したとしても変更する必要はなく、将来に向けて過去に立てたものと同じ計画を実行していくということである。この結果、どんなプログラムのもとでも、任意の時期において最初に計画したものと同じ消費水準が保証されることになる。現実的に考えれば、あらゆる計画は、当初時点では分からなかった状況の発生や、新たな知識の追加、人々の行動の変化により、事後的に修正されることが多い。しかし、新たな情報の追加や、計画の修正を迫るようなショック・行動の変化が生じるモデルでは、その分、確率過程や、情報・知識の問題、複数のプレイヤー間の相互作用などの複雑さが必要となり、話の本筋も分かりにくくなる。本章でフローベイが論じたいことは、最も単純なモデルにおいても国民純生産（NNP）を社会厚生や持続可能性の代理指標に使うことには問題があるというものなので、いたずらにモデルを複雑化することには何の利益もないだろう。

〔原注◇8〕式 $\nabla Z(S_t)$ は、ストック変数 k ごとに、成分 $\partial Z / \partial S_{tk}$ をもつベクトルである。

$$\delta Z(S_t) = C_t(S_t) + p_t \frac{dS_t}{dt} \tag{15}$$

(15)式の左辺では、一定の等価消費が得られる。右辺の表記はNNPとよく似たものに見える。この式で特筆すべき点は、$Z(S_t)$ が経済の将来全体に依存しているのに対し、右辺の表記はフローと価格という現在の変数にのみ依存しているところである。したがって、Samuelson（1961）による以下の結論は妥当ではないように見える。

　動学的な状況においては、厚生を所得ではなく資産で測定するより他ないが、それには深刻な困難を伴う。というのも、「動学的な状況のいかなる厚生評価にも"未来の要素"がありすぎて、統計学者が資産の適切な比較を近似することが究極的に難しい」ためである。

引用：Samuelson（1961）p.53

訳者メモ　国民純生産

　国民純生産（NNP）は通常、「国民総生産－資本の減耗分」という形で与えられる。つまり、NNPでは、「経済全体の総生産」から「失われた資本の経済的価値」を差し引き、「投資・回復・修繕した資本の経済的価値」を足すという操作を行っている。
　(15)式においても、現在消費の金額（消費は一財しかないため価格を1とする基準財としている）から資本の経済的価値の増減を足しているため、NNPと同じ形式であることが分かる。なお、(15)式は、消費の割引現在価値の総和と同じ価値をもたらす「持続可能な消費水準（一定の等価消費）」が「割引率×消費の割引現在価値の総和」で与えられ、それがNNPと等しくなるという形になっている。

〔原注◇9〕厳密には、初期ストックの値と時間を区別して関数を書く必要がある。すなわち、$C_\tau(S;t), S_\tau(S;t), R_\tau(S;t)$ である。時間整合性は、すべての $\tau \geq t' \geq t$ に対して、$C_\tau(S;t) = C_\tau(S_{t'}(S;t);t')$ となることを求める。時間不変性は、すべての $\tau \geq 0$ およびすべての t, t' に対して、$C_{t+\tau}(S;t) = C_{t'+\tau}(S;t')$ となることを求める。

2.2　これは NNP なのか?

　この理論から NNP は社会厚生の良い尺度だと結論付ける前に、多くの障害を考慮する必要がある。これらの障害は二つの話に分類される。第一に、(15)式は国民経済計算から得られる通常の NNP の概念ではない。第二に、先行研究で典型的な代表的個人や利他的王朝モデルを仮定したとしても、(15)式は必ずしも社会厚生の良い尺度にはならないのである。

　(15)式は標準的な NNP に対応しておらず、実務上の推定は困難である。というのも、ストック S_t には物的資本以外のものも含まれている上に、会計価格は市場価格ではない。会計価格が市場価格になるのは、マーティン・ワイツマンの結果で仮定されているように、完全市場が存在し、無限の寿命をもつ代表的個人が、$Z(S_t)$ を定義する割引現在価値と序数的に等価になる効用関数を最大化した形で、この経路が市場均衡にあるときなのである。そうではない場合、たとえば、天然資源の枯渇が異なる経済主体間の共有地の悲劇にかかわっていたり、環境が外部性の効果を伴うために市場均衡が効率的ではない場合には、市場価格は会計価格を推定する上での信頼できる指標にはならない◇10。天然資源を評価することは極めて困難であるし、技術知識や社会資本のような他のストック変数を評価することにはなおさら難しいだろう。S_t に天然資源だけではなく、将来の消費の見通しに影響を及ぼすあらゆるストック変数を組み込むということは、あまりにも酷な要求であるように見える。数量を測定することは、この計算においては最も簡単な作業である。サミュエルソンが困難だと感じた「未来の要素」の重荷全体を背負わされることになるのは、会計価格 p_t の評価であり、残念ながら(15)式の導出においてそれは魔法のようには消えてくれないのである。

〔原注◇10〕たとえば、Dasgupta and Heal（1979）を参照されたい。より最近の総合的な研究としては、Freeman（1993）、Arrow, Dasgupta, and Maler（2003a）、Heal and Kristrom（2005）がある。

2.3　これは社会厚生なのか？

　第二の課題は、(15)式と社会厚生の関係には問題があるという指摘と関連する。多くの研究者は、社会厚生を消費の割引現在価値と仮定すること、とりわけ世代をまたいだ不平等回避がなくなってしまうことについて Weitzman（1976, 1998）を批判している。さらに、消費が複数次元になる場合、NNP の水準を解釈することは困難であり、ワイツマンの変形式が成立するのは、限界効用と商品の市場価格の間の比例関係を通じた NNP の微小変動に対してのみということになる。

訳者メモ　ワイツマンの変形式

　ワイツマンによる変形とは、消費の割引現在価値を社会厚生と見なした場合に、完全市場の仮定のもとでは、「等価消費の割引現在価値＝現在の消費額＋すべての資本の経済的価値の増減」という関係が成立し、NNP が持続可能な消費の最大値となることを指す。

　枠組みを少しばかり修正して、この問題を検討しよう。

　いま、C_t は（労働も含んだ）ベクトルであり、社会厚生は効用の割引現在価値として以下のように計算されるものと仮定する。

$$Z^*(S_t) = \int_t^{+\infty} e^{-\delta(\tau-t)} U(C_\tau(S_t)) d\tau$$

　この式は限界効用の減少を通じて不平等回避に配慮するものである[4]。前節と同様の計算から、一定の等価効用の列は以下に等しくなる。

$$\delta Z^*(S_t) = U(C_t(S_t)) + p_t \frac{dS_t}{dt} \tag{16}$$

　ただし、会計価格は、$Z^*(\cdot)$ に関して新たに計算される。ここで、以下の式も得られる。

$$\frac{d}{dt}Z^*(S_t)=p_t\frac{dS_t}{dt}$$

さらに、(16)式を微分し、$q_\tau=\nabla U(C_\tau(S_t))$ とすると、以下が計算できる。

$$\delta\frac{d}{dt}Z^*(S_t)=q_t\frac{d}{dt}C_t(S_t)+p_t\frac{d^2S_t}{dt^2}+\frac{dp_t}{dt}\frac{dS_t}{dt}$$

NNP_t は (q_t, p_t) に比例する価格 $(\hat{q}_t, \hat{p}_t)$ で計算されると仮定しよう。したがって、ある $\alpha_t>0$ に対して、NNP_t は $\alpha_t(q_tC_t+p_t(dS_t/dt))$ に等しくなる。このとき、固定された価格のもとで、この変動は以下に比例する。

$$q_t\frac{dC_t}{dt}+p_t\frac{d^2S_t}{dt^2}$$

したがって、この変動は S_t の会計価格の変化を含む項がないため、一定の等価効用の変動に「比例しない」のである◆5。Asheim and Weitzman（2001）が提案したもう一つの方法は、$(\hat{q}_t, \hat{p}_t)$ を以下のディビジア特性を満たす「消費者」（NNP ではない）物価指数 π_t で価格調整するものである。

$$\frac{1}{\pi_t}\frac{d\pi_t}{dt}=\frac{\frac{d\hat{q}_t}{dt}C_t}{\hat{q}_tC_t} \tag{17}$$

〔訳注◆4〕関数 U は凹関数（消費量が増えるにつれて効用の増加分が下がっていくという関数、つまり、食べれば食べるほど飽きてしまい、以前ほどには満足感が増えないという関数）となるため、低い消費水準の世代における消費の改善は、高い消費水準の世代における消費の改悪よりも全体の合計を大きくする効果をもつ。その意味において、この関数形は「不平等回避」になっている。なお、この修正版のモデルで行われる議論は「非常に強い仮定のもとで、NNP の変形式が得られて、社会厚生と NNP を局所的には同じものと見なせる」というだけの話であるため、本筋とはあまり関係がなく、技術的な点にそれほど関心のない読者は読み飛ばしていただいても構わない。ただし、本章の最後の二段落では、これらの NNP の変形式を導出するモデルの総括を行っているので、その点は読むに値する。

このとき、以下が得られる。

$$\frac{d}{dt}\left(\frac{NNP_t}{\pi_t}\right) = \frac{\hat{q}_t}{\pi_t}\frac{dC_t}{dt} + \frac{d(\hat{q}_t/\pi_t)}{dt}C_t + \frac{\hat{p}_t}{\pi_t}\frac{d^2S_t}{dt^2} + \frac{d(\hat{p}_t/\pi_t)}{dt}\frac{dS_t}{dt}$$

ただし、(17)式より右辺の第二項を消去でき、この式を以下のように書き換えることができる。

〔訳注◆5〕技術的な点に関心のある読者のためにこの段落の概要を説明しよう。この節で社会厚生と見なしている効用の割引現在価値 $Z^*(S_t)$ の変動は (16) 式を時間微分したもので与えられ、その値は、①消費の変化分の経済価値、②投資の変化分の経済価値、③価格変化に伴う投資の経済価値の変化分、の三つの項の和で与えられる（学部生は、②と③の和が「投資の経済価値の変化分」になることに注意されたい）。それに対して、NNP の変動は、上式の①と②だけで計算されるため、社会厚生の変動には比例しないことが分かる。つまり、この段落では「局所的に見ても NNP の増減を社会厚生の増減とは見なせない」という事実を指摘している。この問題をなかったことにして NNP と社会厚生を同一視するために、以下の議論ではより強い仮定を課すことで、局所的に NNP の増減が社会厚生の増減に比例するようにしている。しかし、この段落において「社会厚生」と見なされる「効用の現在割引価値」と NNP の比例関係を得るために、かなり強い仮定を置くことにどれほどの意義があるのかは正直分からない。

$$\frac{d}{dt}\left(\frac{NNP_t}{\pi_t}\right)=\frac{1}{\pi_t}\left(\hat{q}_t\frac{dC_t}{dt}+\hat{p}_t\frac{d^2S_t}{dt^2}+\alpha_t\frac{dp_t}{dt}\frac{dS_t}{dt}\right)+\frac{1}{\pi_t}\frac{d\alpha_t}{dt}\hat{p}_t\frac{dS_t}{dt}-\frac{1}{\pi_t^2}\frac{d\pi_t}{dt}\hat{p}_t\frac{dS_t}{dt}$$

$$=\frac{\alpha_t}{\pi_t}\left(\delta-\frac{1}{\pi_t}\frac{d\pi_t}{dt}+\frac{1}{\alpha_t}\frac{d\alpha_t}{dt}\right)\frac{d}{dt}Z^*(S_t)$$

上式が示すように、この価格指数のもとで「実質金利」$\delta-(1/\pi_t)(d\pi_t/dt)+$ $(1/\alpha_t)(d\alpha_t/dt)$ が正ならば、実質 NNP_t の変動は $Z^*(S_t)$ の変動に比例することになる◇11。

Heal and Kilstrom（2005, 2008）は、Samuelson（1961）に基づいて、前章における顕示選好の議論の局所バージョンを動学的文脈に直に適用することを提唱している。支持価格 $q_\tau=\nabla U(C_\tau(S_t))$ のもとでの消費価値を考えよう◇12・◆6。

$$\overline{Z}^*(S_t)=\int_t^{+\infty}e^{-\delta(\tau-t)}q_\tau C_\tau(S_t)d\tau$$

S_t の任意の第 k 成分に対して、以下が計算できる。

$$\frac{\partial}{\partial S_{tk}}\overline{Z}^*(S_t)=\int_t^{+\infty}e^{-\delta(\tau-t)}\nabla U(C_\tau(S_t))\frac{\partial}{\partial S_{tk}}C_\tau(S_t)d\tau=\frac{\partial}{\partial S_{tk}}Z^*(S_t)$$

その結果、以下が得られる。

〔原注◇11〕 なお、$\dfrac{1}{\pi_t}\dfrac{d\pi_t}{dt}-\dfrac{1}{\alpha_t}\dfrac{d\alpha_t}{dt}=\dfrac{\dfrac{dq_t}{dt}C_t}{q_tC_t}$ であることに注意されたい。

〔原注◇12〕 Heal and Kilstrom（2008）は、無限期間生存する代表的個人を伴う完全市場を仮定している。彼らの主要な結果は、成長経路が不完全な「プログラム」によって制御されるという我々の枠組みに応用することができる。

〔訳注◆6〕 この段落の議論も技術的なものにすぎず、本質的には重要ではないように見える。ここでもやりたいことの本質は、「特定の条件」のもとでは NNP と社会厚生を局所的に同じものと見なしてよいということである。いま、消費額の現在割引価値を社会厚生と見なすことに同意し、消費財の相対価格が時間を通じて一定であるという非常に強い仮定（つまり、消費財の需給が一定で、新技術・新商品なども生じないなどの形で消費財の種類も相対価格も不変の状況！）を課すのであれば、以下の計算で明らかになるように、NNP と社会厚生は局所的に同一視できるようになる。

$$\frac{d}{dt}\bar{Z}^*(S_t) = \frac{d}{dt}Z^*(S_t) = p_t\frac{dS_t}{dt}$$

したがって、厚生の推移は異時点間の所得によっても解釈が可能である。この異時点間の所得は、将来の支持価格で消費経路全体にわたって計算され、現在の会計価格のもとでのストックの推移によって測定できる。また、先ほどのように、直接以下を計算することができる。

$$\frac{d}{dt}\bar{Z}^*(S_t) = \delta\bar{Z}^*(S_t) - q_tC_t(S_t)$$

ここで、上式は以下を含意する。

$$\delta\bar{Z}^*(S_t) = q_tC_t(S_t) + p_t\frac{dS_t}{dt}$$

$\hat{q}_t$ と q_t を関連付ける比例係数 α_t が時間を通じて一定ならば、(15)式の直接の拡張として、以下のように価格 $\hat{q}_t$ で評価した異時点間所得によって NNP を解釈することができる。

$$NNP_t = \alpha_t\Big(q_tC_t(S_t) + p_t\frac{dS_t}{dt}\Big)q_tC_t = \delta\int_t^{+\infty}e^{-\delta(\tau-t)}\hat{q}_tC_\tau(S_t)d\tau$$

この系譜の研究の主要な成果は、時間を通じた割引現在価値の推移の評価（異時点間社会厚生）が、一時点の価格と数量の変数、つまり、現在の会計価格のもとでのストックの変動、あるいは、「真の貯蓄」 $p_t\,dS_t/dt$ で行えることを示したことにある。しかしながら、これらの動学的な文脈への拡張においても、前章で列挙した顕示選好アプローチの限界が同様に当てはまる。おまけに、価格 p_t の推定が非常に難しいという厄介事まで付いてくるのである。前章と同じように、NNP や異時点間の所得を意味のある厚生「水準」と関係付けることはできず、時間や政策変化に応じた厚生の推移と関連付けることができるにすぎない。国民が異なる選好を持っている場合だけではなく、国家が異なるプログラムにしたがう場合にも、各々の会計価格が異なるため、国際比較を行うことには依然として問題が残る。

本章の冒頭で説明したように、NNP は GNP よりも近視眼的ではなく、世代

間の厚生の話を脇に置いておけば、持続可能性の指標を与える尺度だと広く考えられている。この点において、資産や持続可能な消費の尺度の明白な限界を忘れるべきではない。すなわち、社会的に最適な成長経路が維持されると仮定しない場合には、NNP は現時点における機会を記述するが、将来世代の真の見通しについては何も語らないのである◇13。実際、現在世代が資産のストックをどのように管理するか次第で、その未来がまったく異なるものになる可能性がある。現在世代がより多くを消費する場合、資産や持続可能な消費の水準がより高くなることと、持続可能性がより低くなることが両立可能になってしまうのである◆7。この問題については、本章の最後で再び戻ってくることにしよう。

2.4　割り引くべきか、割り引かざるべきか？

　もう一つの重大な問題は、世代間の文脈において、社会厚生を割り引いた効用の総和として定義すべきなのかということである◇14。割引は、異なる時代に生きる個人の間の不偏性という最低限の要件にすら違反しているように見えるため、ヘンリー・シジウィック（Sidgwick 1907）や F・P・ラムゼイ（Ramsey 1928）以来、多くの研究者がきっぱりとこれを拒絶してきた◇15・◆8。しかしながら、割引がないもとでは、有限の不平等回避をもつ社会厚生関数は無限和の問題に直面することになる。膨大な数の先行研究がこの問題について言及しており、最近

〔原注◇13〕この問題は前章ですでに言及した静学的な文脈における問題と形式的には似ている。すなわち、分配が最適ではない限り、総消費はより大きな社会厚生を保証するものではないのである。

〔訳注◆7〕現在も将来もすべての時点で消費や投資が最適化されるならば、NNP を表す「現在の消費価値＋資本ストックの経済的価値の増減」を持続可能性の指標だと見なせる。しかし、このモデルにおいて最初に決められた通りの最適な活動から外れることがある場合には、遠い将来の子孫の消費を犠牲にして、t 期の消費水準を当初の最適な計画より増やして t 期の NNP を高くできる。もちろん、これは遠い将来の子孫のための資本を不当に食いつぶす行動であるため、持続可能性（現在世代に比べて将来世代の消費水準ないし効用水準が下がらないこと）は低下することになる。

〔原注◇14〕割引功利主義よりも一般的な目的関数に対する上述の結果の部分的な拡張については、Asheim（2007a）を参照されたい。

でも多くの展開が見られる◇16。ウィリアム・R・ザメ（Zame 2007）による衝撃的な結果は、弱パレート性（すなわち、各期の効用が増えることは厳密な改善である）と有限匿名性（すなわち、二つの期間の効用を入れ替えても同じ価値の効用列となる）を満たすような無限の効用列上の構成可能な（constructible）◇17社会厚生順序は存在しないというものである。この問題の勘所を押さえておくため、やや強くなる二つの要求、強パレート性（すなわち、効用がある一期間だけ増えて、他のどの期間でも減らないことは、厳密な改善である）と隣接匿名性（すなわち、隣り合う期間の効用を入れ替えても同じ価値の効用列となる。これは無限に多くのペアが並べ替えられた場合であっても成立する）を考えよう◇18。後者の要求は、とりわけ $(0, 1, 0, 1, ...)$ が $(1, 0, 1, 0, ...)$ と等価になることを意味する。さらに、第2期から入れ替えを始めれば、$(1, 0, 1, 0, 1, ...)$ は $(1, 1, 0, 1, 0, ...)$ と等価になる。推移性より、$(0, 1, 0, 1, ...)$ は $(1, 1, 0, 1, 0, ...)$ と等価になることが結論付けられるが、これは明らかに強パレート性に違反する◇19。こ

〔原注◇15〕本節の議題である世代間厚生の計算においては、純粋な時間選好の表現としての割引率の問題と、投資プロジェクトの所得流列の現在割引価値の計算で用いる上で適切な割引率を見つけるという応用的な問題とを区別することは重要である。効用に対する時間選好がほぼゼロの場合であっても、将来所得が現在所得よりも大きく、限界効用が減少するときには（たとえば、世代間の不平等回避のために）、貨幣の割引率がかなり大きくなる可能性もある。

〔訳注◆8〕たとえば、割引率が年7％の場合、100年先の将来世代の1億円の割引現在価値は現在世代の10万円弱にすぎない！　これは将来世代の利益をあまりにも軽視したひどい割引の仕方だと言えよう。割引率が年に1％の場合であっても、700年後の将来世代の利益で同様の問題が生じることになる。

〔原注◇16〕このような展開の一例は、新旧の先行研究を十分に参照した形で、Roemer and Suzumura（2007）に見出すことができる。

〔原注◇17〕構成可能な対象は明示的に定義することができる。その一方で、構成可能ではない対象は（選択公理のような議論を用いて）存在するということを単に証明できるだけである。社会評価の実用的な目的の上では、構成可能な順序が存在しないということは、（候補となるべき実用的な順序が）存在しないという結果と同じようなものである。非常に類似した結果として、Lauwers（2006）も参照されたい。

〔原注◇18〕隣接匿名性を有限個の置換に制限することで、有限匿名性と同値の条件が得られる。有限匿名性と隣接匿名性の違いを見るには、たとえば、追い越し基準（有限個を除くすべての期間で効用和が少なくとも同じ大きさであるとき、そのときにのみ効用流列を弱く選好すること）は隣接匿名性に違反するが有限匿名性を満足することを見ればよい。

の特定の研究領域において、このような困難が無限の時間軸に由来していることは明らかである。これらの問題は知的には魅力的で挑戦的なものでもあるのだが、実用性という目的からは、具体的な判断基準を無限の時間軸に深く依存させることには不安が残る。

　より有望で現実的なものは、有限期間ではあるが不確実性を伴う領域で機能するアプローチなのかもしれない。興味深いことに、このアプローチでは、生存確率と等しくなる割引因子をもつ標準的な効用の割引価値の総和の話に回帰するというわけではない。このような方法でこの問題に言及する先行研究はあまりない上[20]、不確実性下の社会選択理論と人口倫理の研究を組み合わせることになるため、茨の道を進むことになるが、おそらくは有望な研究領域になるだろう[21]。実際、不確実性を伴う見通しを評価するためには、あらゆる有限の人口規模に対する異時点間の社会厚生の尺度が明確に定義されている必要がある。たとえば、ユウカン・ウン（黄有光、Yew-Kwang Ng）（Ng 1986）の人口依存功利主義基準（number-dependent utilitarian criterion）を考えよう。

$$W(u_1, ..., u_n) = \frac{f(n)}{n} \sum_{i=1}^{n} u_i$$

　ただし、f は、任意の n に対して、$1 \leq f(n) \leq n$ となるような非減少関数である。この基準は、$f(n) = n$ のときには古典功利主義（一般に極端な人口主義と考えられる）、$f(n) = 1$ のときには平均功利主義（マルサス主義と考えられる）に相当する。割引の形式を得るのに好都合となる状況は、固定された無限の効用列（u_1, u_2, …）が存在し、リスクのあるシナリオのもとで、この列がいつでも止まってしまう可能性があり、t 期に達した場合にもう1期間生き残る条件付き確率が定

〔原注◇19〕割引功利主義は推移的、完備、構成可能であり、強パレート性を満たすが、隣接匿名性（と有限匿名性）に違反する。下限の極限基準は隣接匿名性を満たし、推移的、完備、構成可能であるが、強パレート性（および弱パレート性）に違反する。

〔原注◇20〕Dasgupta and Heal（1979）は古典的な文献である。Bommier and Zuber（2008）は、この問題に取り組み、割引因子が生存確率に対応する必要がないことを示した最近の論文である。

〔原注◇21〕人口倫理学に関する総合的な研究としては、Blackorby, Bossert, and Donaldson（2005）を参照されたい。しかしながら、彼らは不確実性と割引の関係を特に研究してはいない。

数 $\pi < 1$ に等しいときである。t 期の直後に世界が終わる確率は $\pi_t(1-\pi)$ である。簡単化のために、各世代には 1 人の個人しか存在しないと仮定する。

リスクのあるシナリオのもとでの社会厚生は、世界の起こりうる状態に対する社会厚生の期待値として計算することが妥当である。このとき、シナリオ全体の社会的価値の期待値は以下のようになる。

$$\sum_{t=1}^{\infty} \pi^t (1-\pi) \frac{f(t)}{t} \sum_{i=1}^{t} u_i$$

この表記における u_T のウェイトは以下に比例する。

$$\sum_{t \geq T}^{\infty} \pi^t \frac{f(t)}{t}$$

これは、$f(t)=t$（古典功利主義）の場合には、予想通りの割引因子 π をもたらすことになる。しかし、$f(t)/t$ が減少関数の場合には、このウェイトの列は t よりも速いペースで減少することになり、現在に対してより高い選好を示すことになる。直感的には、大きな人口集団がその規模のせいであまり大きな社会的価値をもたらさないのであれば、より存在する確率の高い前の世代の福利を高めることの方が相対的に重要になるということである[22]。

実証的応用を模索する上でより無難で控えめな選択肢は、グローバルな世代間厚生基準の研究を断念し、より単純な二つの研究課題に焦点を当てるというものである。一つの研究課題は、特定の世代や集団に対する社会厚生の測定であり、これについては静学的な分析を容易に拡張することができる。もう一つの研究課題は、将来世代に対する社会厚生の推移を予測することである[23]。後者の目的について、現在の消費と持続可能な消費の比較は自然な発想であり、以前の節で述べたアプローチは違う形で有用になるかもしれない。実際に、(16)式は以下のように書き直すことができる。

〔原注◇22〕この基準に不平等回避を導入すれば、割引率にも影響が出る。

〔原注◇23〕この 2 層のアプローチは、たとえば、エリック・ノイマイアー（Neumayer 2004）によって擁護されている。彼は社会厚生と持続可能性を単一の尺度で評価しようとすることは幻想だと指摘している。

$$\delta Z^*(S_t) - U(C_t) = p_t \frac{dS_t}{dt}$$

　この表現は、以下の理由から一時的な厚生 $U(C_t)$ の将来の推移について有益な情報を与えてくれる。$\delta Z^*(S_t) - U(C_t) < 0$ の場合、検討中のプログラムにおける将来のある時点で効用は $U(C_t)$ よりも低くならなければならない。というのも、$\delta Z^*(S_t)$ は将来のすべての時点において $U(C_\tau)$ の加重平均になっているためである。持続可能性とは、将来のすべての期間にわたって効用が減少することのない経路を歩むものとして理解される。したがって、持続可能性は真の貯蓄が非負であること、すなわち、$p_t dS_t/dt \geq 0$ であることを要求する[◇24・◆9]。ここで重要なことは、この推論では $\delta Z^*(S_t)$ を $U(C_\tau)$ の将来の推移をまとめたものとして使っているだけなので、割引価値の総和 $Z^*(S_t)$ を社会厚生の基準として受け入れるようには求めていないのである。さらに、この持続可能性の必要条件は、割引率 δ の任意の値に対して妥当であり、それゆえ、δ のすべての値に対応する価格 p_t に対して、$p_t dS_t/dt \geq 0$ の要求が必ず満たされることになる。ここで、p_t は $Z^*(S_t)$ の勾配であり、そうであるがゆえに δ に依存することに留意されたい。大きい値の δ に対しては、t に近い τ のもとで、p_t は $U(C_\tau)$ におよぼす S_t の影響にそのほとんどを依存することになる。ゼロに近い δ に対しては、p_t は遠く隔たった世代の効用におよぼす S_t の影響にそのほとんどを依存することになる。

　しかしながら、この持続可能性の基準には、二つの重要な弱点がある。第一に、

〔原注◇24〕この系譜の推論が意味するところは、一種のジョン・ハートウィック（Hartwick 1977）のルールであり、それによれば、真の貯蓄が常に無効である場合、効用は一定に保たれるというものである。Asheim, Buchholz and Withagen（2003）を参照されたい。持続可能性に関する総合的な研究としては、たとえば、Aronsson, Johansson, and Lofgren（1997）、Asheim（2007b）を参照されたい。

〔訳注◆9〕ここでやっていることは非常に単純なことであり、「各期で同じ値を取る持続可能な消費水準がもたらす効用水準」と「現在の消費がもたらす効用水準」を比較しているだけである。現在の消費が多くなりすぎ、持続可能な消費水準を超過する場合には、どこか将来時点での消費水準が必ず減少することになり、持続可能ではない（すなわち、将来世代に現在世代よりも低い資本ストックと消費水準がもたらされる）。また、この式から「真の貯蓄（＝すべての資本ストックの増減の経済的価値）が非負であること」が「持続可能性の必要条件」となることも即座に理解できよう（対偶を取ると分かりやすい。仮に真の貯蓄が非負でなければ、$\delta Z^*(S_t) - U(C_t) < 0$ が成立することになり、持続可能ではないことが分かる）。

これは必要条件であって十分条件ではない。さまざまな状況においてもこれが満たされるということがあるのだ。最もあり得そうなシナリオは、将来のある期間において効用が減ってしまうというものだろう。第二に、$Z^*(S_t)$ の勾配である価格ベクトル p_t は「プログラム」の定義に基づいている。プログラムとは一つの関数であり、現在のストック S_t の反実仮想上のあらゆる変化が将来の成長経路におよぼす影響を定義している。そのようなプログラムが存在することはありえないし、実用面でもそんな事細かなプログラムを作ることはできそうにもない。現在の値近くにおける S_t の僅かな変化に対してでさえも、そのようなプログラムを作ることはできないだろう◇25。市場価格が必要な価格パラメータを提供できるのは、均衡が $Z^*(S_t)$ を最大化する場合だけなのだが、すでに説明したように、それはかなりありえそうにもないことなのである。したがって、このアプローチが持続可能性を考える上で便利な枠組みを提供し、興味深い応用を促しているように見えたとしても、$U(C_t)$ の推移を動学モデルで直接予測する試みよりも、厚生の推移を予測し持続可能性を検証する上で、より実用的な助けとなるかは明らかではないのである。

〔原注◇25〕決定論的な世界では、明らかに、効用の割引現在価値の総和を世界の初期状態の関数として定義する関数が存在する。しかし、この関数はすべての政治的な選択を記述するものでもあるため、この関数を推定することができる場合には、政策の意思決定に役立つ基準はもはや必要とされなくなるだろう。プログラム $Z^*(S_t)$ はそのような関数ではなく、変更可能な特定の政策の計画だと考えられる。このようなプログラムのもとでは、たとえば、石油の埋蔵量が予想以上に多かった場合にどのように行動するのか決めておく必要がある。

個人間比較と等価アプローチ

訳者による 第3章の概要

　本章では、個人間比較を行うための福利の尺度を考察する。最初に、アローの不可能性定理を概観し、社会厚生を適切に集計・比較する上でどこに問題があるのか、どのような条件を諦める必要があるのか検討する。アローの不可能性定理は、妥当に見える三つの条件を満たす社会的な順序（選択肢を社会的に評価し、その順位を決めるランキング）が独裁制（独裁者の好みがそのまま社会的評価になること。すなわち、独裁者が x を y よりも厳密に良いと評価すれば、社会的な評価においても独裁者の評価が尊重され、x が y よりも厳密に良いとされてしまうこと）に限られることを示したものである。アローの不可能性定理は、整合的な社会的評価の方法は独裁制しか存在せず、望ましい社会的な評価の方法は一般に存在しないことを証明したものと解釈されている。しかし、不可能性定理を成立させている三つの条件、①序数主義（個人の選好順序だけで社会評価を行う。効用の比率や差分の情報には意味がないため、効用の個人間比較はできない）、②弱パレート性（全員が x を y よりも良いと評価する場合、社会的評価でも全員一致の判断が尊重される）、③独立性（x と y に関する社会的評価は x と y に関する個人の評価にのみ依存する）、の一部はそこまで説得的なものとは言えないため、いくつかの妥協案（一部の条件を諦めて、実際的な評価を得る方法）が提案されてきた。

　アローの不可能性定理を回避する方法は二つのものに大別される。通常よく採られる方法は、「序数主義」を断念し、「福利の個人間比較」を許すことで不可能性を回避するというものである。福利の個人間比較を許す何らかの尺度を用いれば、分配の公平性に配慮した意味のある社会厚生の評価ができるようになる。

　もう一つの不可能性の回避法は、独立性を断念するもので、これまでの研究の系譜においては、①バーグソン＝サミュエルソンの社会厚生関数、②補償テスト、費用便益分析、③公平配分の理論（無羨望配分、平等等価配分の理論）の三つのものがあった（これらの具体的な内容と定義は本文および訳注を参照）。このうち、二つ目の系譜である補償テストは整合性のある判断すらできないし（x は y よりも厳密に良く、同時に y は x よりも厳密に良いという矛盾した判断が生じうる）、従来型の費用便益分析は分配への配慮がまったくないため、明らかに問題がある。そのため、フローベイは、一つ目と三つ目のアプローチを融合した「等価所得アプローチ」を用いて福利の個人間比較を行い、分配に配慮した社会的評価を行うことを推奨している。

　フローベイが最も有力だと考えている等価所得アプローチについて概説しよう。等価所得アプローチでは、何らかの参照基準（例：基準価格、基準消費バンドルな

ど）を最初に決める。このとき、消費バンドル x を消費するときの個人の福利を参照基準と関連付けて算出し、この福利に基づいて社会厚生を計算する。たとえば、貨幣単位の効用関数の場合、基準価格を最初に決める。このとき、消費バンドル x を消費する個人の福利は、x と同等の効用水準を得るために必要となる最小の所得水準（この所得は基準価格のもとで算出される）で与えられる。フローベイは等価アプローチの応用例として、健康等価所得を挙げている。健康等価所得は、現在の消費状況と等しい効用をもたらす完全な健康状態のときの所得水準という形で定義される。すなわち、個人の健康等価所得は以下のように与えられる。

健康等価所得 ＝ 現在の所得 － 健康になるために支払ってもよい最大金額

この健康等価所得に基づいて個人の福利を比較すると、健康な個人の福利は単なる所得水準に等しい一方、健康ではない個人は現在の所得水準よりも病気・障害の分だけ低くなった所得で比較がなされることになる。このような貨幣単位の効用関数を変数とした形でバーグソン＝サミュエルソン社会厚生関数を用いると、局所的な変化に対して以下の式が得られる。

社会厚生の変化量 ＝ 各人の支払い許容額の加重和

上式は、従来の費用便益分析と違って、分配に配慮可能であるという点において明らかに優れている。実際、支払い許容額に課されるウェイトは、各人の貨幣単位の効用関数の社会厚生への貢献度で与えられ、効用値の低い個人ほどウェイトが高くなることから分配の公平性に配慮したものになる。したがって、実務上は、貨幣単位の効用関数を計算するための基準価格の選択と、社会厚生関数の形状さえ決めればよいことになる。

最後に、等価アプローチには、①社会厚生の判断の上で、逆進的な再分配を推奨することがある、②参照基準の選択次第で社会評価がコロコロ変わってしまう、③等価所得の推計が困難である、という問題がある。これらの問題に対して、フローベイは、①逆進的な再分配をできるだけ防ぐために、マキシミン（所得の最小値の比較で社会評価を行う方法）ないしレキシミン（最初に所得の最小値を比較し、もし最小値が同じなら次に、二番目に低い所得を比較する、という形で辞書式に社会評価を行う方法）を用いる、②参照基準の選択を適切に行う理論を整備する（参照基準によって結果が変わること自体は悪ではない）、③等価所得の推計方法を改善するという擁護論を展開する。

第2章では異時点間の問題を説明した。第1章において提起したもう一つの問題は、本章まで先送りされることになった。すなわち、個人の消費（あるいは福利）の「分配」が社会厚生に寄与する度合いを測定することである。この測定には、個人の福利の指標を見つけ出し、個人間比較の厄介な問題に対処することが求められる。これまで見てきたように、総消費量や社会支出関数の尺度の根底にある理論には、社会厚生関数 $\bar{W}(x_1, ..., x_n)$ あるいは $W(u_1(x_1), \cdots, u_n(x_n))$ がかかわっており、個人間比較や不平等回避の調整に対する正確な尺度を定義することには何らかの戸惑いがあった。アローの不可能性定理がもたらした暗闇のもとで社会選択理論が発展してきたことも、このような戸惑いをさらにこじれさせた。「この著しく否定的な知見は、明示的な社会厚生関数の計量的な実装に対する重大なつまずきの石である。(Slesnick 1998, p.2139)」。しかし、厚生経済学のさまざまな領域では、貨幣単位の効用や類似する概念をめぐって建設的な提案が展開されている。そのような提案について検討し、有名な「つまずきの石」をどのように回避するのか説明しよう。

3.1　アローの定理

　アローの不可能性定理における主要な公理を簡潔に振り返ることには価値がある。というのも、アローの公理は厚生経済学を構成するさまざまなアプローチを分類する上で良い方法を与えてくれているからだ。以下に挙げる公理は、アローのもともとの公理ではなく、セン（1970）の独創性に富んだ分析の後に普及した便宜上再構成された公理である。ある人口集団における個人の効用関数のプロファイル $(u_1, \cdots, u_n)$ に基づいて、集合 A の選択肢を順位付けるという問題を考えよう。個人の効用関数の変数は A の選択肢である。選択肢を順位付ける社会的順序は、完備かつ推移的な二項関係 R である（aRa' という表記は、a が a' と少なくとも同じくらい良いことを意味し、aPa' は、a が a' よりも良いことを意味する）。

　二項関係とは、「数字の大小関係（「3 > 1（3大なり1）」などの二つの数字間の関係を示すもの）」や、集合の包含関係（「$A \supseteq B$（集合 A は集合 B を含む）」などの二つの集合間の関係を示すもの）のように、二つの項目の間の関係性を表す数学上の概念である。ここでは、消費バンドルの間の個人の好みを表現する二項関係が「個人の選好順序」となり、総消費量の間の社会的な評価を表現する二項関係が「社会的順序」となる。

　なお、完備性とは、どんな二つの選択肢の間でも二項関係が比較可能であることを要求する性質である。推移性とは、a が a' と少なくとも同じくらい良く、かつ a' が a'' と少なくとも同じくらい良い場合には、a が a'' と少なくとも同じくらい良くなることを要求する性質である（つまり、推移性とは「堂々巡り」が生じないことを求める性質である）。完備性と推移性を満たす二項関係のことを、この分野では順序と呼ぶことが多い。

　そのような順序は、適切な定義域 D におけるすべての効用関数のプロファイルに対して定義されていなければならない。したがって、この問題は、定義域の各プロファイルに対して特定の社会的順序 $R = f(u_1, \cdots, u_n)$ を定義する「社会順序汎関数」f を見つけるということになる[◆1]。この目的のために関心のある公理は以下のものになる。

序数主義：

　個人の序数的選好だけが考慮されるべきである。すなわち、任意の $(u_1, \cdots, u_n), (u'_1, \cdots, u'_n) \in D$ に対して、これらの効用関数のプロファイルが序数的に等価ならば、$f(u_1, \cdots, u_n) = f(u'_1, \cdots, u'_n)$ である。

独立性：

　二つの選択肢のランキングは、これらの選択肢の各々の個人の効用水準のベクトルにのみ依存する。すなわち、すべての $a, a' \in A$、すべての $(u_1, \cdots, u_n), (u'_1, \cdots, u'_n) \in D$ に対して、$(u_1(a), \cdots, u_n(a)) = (u'_1(a), \cdots, u'_n(a))$ かつ $(u_1(a'), \cdots,$

〔訳注◆1〕汎関数とは、簡単に言えば関数を変数とする写像のことである。ここでは効用関数を変数とし、社会的順序を表現する写像のことを「社会的順序汎関数」と呼んでいる。

$u_n(a')) = (u'_1(a), \cdots, u'_n(a))$ ならば、$aRa' \Leftrightarrow aR'a'$ である。ただし、$R = f(u_1, \cdots, u_n)$, $R' = f(u'_1, \cdots, u'_n)$ とする。

弱パレート性：

　任意のプロファイルのもとで、ある選択肢がもう一つの選択肢よりも各人に大きな効用を与える場合、その選択肢は社会的順序において高く順位付けられる。すなわち、すべての $a, a' \in A$, すべての $(u_1, \cdots, u_n) \in D$ に対して、もしすべての i について $u_i(a) > u_i(a')$ ならば、aPa' である。ただし、P は $R = f(u_1, \cdots, u_n)$ の非対称成分とする。

　アローの定理によれば、効用関数のプロファイルの定義域が十分に豊かで、選択肢が三つ以上ならば、これらの公理は、社会的順序が特定個人（「独裁者」）の厳密な選好に従わなければならないことを意味している。

　このような「独裁者」は到底受け入れがたいものであるため、この結果は文字通りの意味で不可能性の結果と解釈される。しかし、不可能性定理のもつ強さは、その公理がどれほど必要不可欠なものであるかに左右される。アローの定理の例では、序数主義と独立性の公理がさまざまなアプローチから疑問視されているのである。

訳者メモ　**アローの不可能性定理**

　アローの不可能性定理について簡単に説明しよう。アローは社会評価を行うための妥当な条件として、以下の三つの条件を課した。

①序数主義：
個人の選好は順序としてのみ意味がある。すなわち、個人内の比較でも個人間の比較においても効用値の差分や比率には意味がない。たとえば、A さんが x を消費することの効用値が30で、A さん（もしくは B さん）が y を消費することの効用値が10であるという話から、A さんにとって x は y よりも３倍良いとか、効用値で20だけ高いということは主張できない。あくまで個人内での効用値の大小関係（順番）だけが重要であり、個人間における効用値の大小関係は一切意味がない。

②独立性：
社会的な評価に必要な情報の収集が最小限で済むこと。すなわち、x と y の

どちらが良いか決める社会的な評価の問題においては、人々に x と y のどちらが良いと思うのか尋ねるだけでよい。x が y よりも何倍好ましいかや、x ではなく y という結果になるためならば現在の所得から何円まで支払ってもよいのか（あるいは何円の補償金を受け取りたいか）等の「それ以外の情報」は一切必要ない。

③弱パレート性：
全員一致の見解は社会の評価に反映されること。すなわち、全員が x を y よりも厳密に良いと評価しているのであれば社会の評価においても x は y よりも厳密に良い。

このとき、アローは、これら三つの条件を満たす社会的評価の方法は独裁制に限られることを証明した。

アローの不可能性定理：
社会的な評価を行う選択肢は 3 個以上で、これらの選択肢に対して論理的に可能なあらゆる判断が許されるような状況を考えよう。このとき、序数主義、独立性、弱パレート性を満たす社会的な順序は独裁制になる。

3.2 不可能性からの脱出

その後の社会選択理論の展開では、効用値の情報が使える場合には不可能性がなくなることから序数主義を断念している[◇1]。社会厚生関数 $W(u_1(x_1), \cdots, u_n(x_n))$ は独立性と弱パレート性を満たす社会順序汎関数をもたらす。ここで、W は増加関数であり、すべての効用関数のプロファイルに対して同じものである。先行研究でしばしば述べられているように、序数主義をやめる動機は、より裕福な個人と不遇な個人を識別することによって、個人を比較できるようになることである。しかし、厳密に言えば、序数主義は個人間比較を排除するものではない。というのも、たとえば、資産の上で個人を比較することとも序数主義は完全に両立可能なのである。序数主義はあくまで「効用」の個人間比較を排除しているにすぎない。個人の序数的かつ比較不可能な選好が、個人間比較のための十分な情報的基礎にはならないと考える場合には、序数主義を捨て去らなければならない。とりわけ厚生主義アプローチはこの公理を明確に否定しなければならないだ

〔原注◇1〕このアプローチに関する総合的な解説は、Sen（1999）を参照されたい。

ろう。一方、非厚生主義アプローチもまた序数主義を否定したがるかもしれない。たとえば、手元にある枠組みで、効用関数が不均等な個人の才能やニーズに関する重要情報を含んでいる場合にはそうなるだろう。

　応用面では、効用の測り方を決めるという問題が残っている。多くの異なるアプローチが（そのすべてが必ずしもそうではないが）効用の尺度は異なっているものの、効用水準のベクトルに特定の社会厚生関数 W を適用するという点において似通っていると言うことができる。厚生主義の理論では、効用を主観的な幸福感や満足度で測定することになるだろう。非厚生主義の理論では、効用を資源、機会、潜在能力などで測定するものだと言うことができる$^{◇2}$。

　厚生経済学の他の系譜では、序数主義は維持しつつも独立性を否定ないし無視することによって、不可能性を回避している。最初の系譜は、Bergson（1938, 1966）と Samuelson（1947, 1977）によって開発されたものである。彼らは、社会厚生関数 $\bar{W}(x_1, ..., x_n)$ は個人の無差別集合（無差別集合は無差別曲線の任意の次元をもつ空間への一般化である）を用いて機能しなければならないと主張してきた。Samuelson（1977）は線分効用関数をその一例に挙げている$^{◆2}$。これは比較不可能な序数的選好だけに基づいて個人間比較をできるように、無差別曲線に付与する数値の基準を調整したものとなる。効用の個人間比較をしないバーグソン＝サミュエルソン社会厚生関数の可能性をめぐって、サミュエルソンと社会選択理論の理論家は対立してきた$^{◇3}$。ある些細な意味において、たとえば、線分効用関数は効用関数であると思うかもしれない。しかし、バーグソンとサミュエルソンによる理論の構成が比較不可能な序数的選好にのみ依拠しているという点では、彼らは明らかに正しいのである。彼らのアプローチでは、$W(u_1(x_1), \cdots, u_n(x_n))$ という式は単なる一つの表現にすぎない。W が配分上の社会的順序を変えないように対応する形で数値が調整される場合には、$u_1, \cdots, u_n$ を同一の序

〔原注◇2〕ジョルゲンソンとスレズニックは、特定の効用関数を選ぶだけで、社会的厚生の尺度を開発したことを思い出してほしい。

〔訳注◆2〕線分効用関数とは、消費バンドル x と無差別になる基準バンドルのスカラー倍を計算し、x を消費する個人の効用値として計算で求めたスカラー値を割り当てる関数のことである。形式的には、$\bar{x}$ を参照基準となる消費バンドルとして、$u_i(x_i) = u_i(\lambda\bar{x})$ となる λ を効用値に割り当てる関数を線分効用関数という。

〔原注◇3〕Fleurbaey and Mongin（2005）は、この論争をまとめている。

数的選好のいかなる他の表現にも置き換えることができるのだ。バーグソンとサミュエルソンが責めを負うべきとすれば、社会選択理論の公理分析に類似した形で、社会厚生関数の特殊性（どのように無差別集合を比較するのか、どのくらい不遇な個人を優遇するのか）を厳密に考えることができる方法論を提示しなかったことである。確固たる倫理的議論に裏付けられたきめ細やかな具体例がないもとでは、専門家が彼らのアプローチのもっている潜在的な可能性に気付くことはあまりにも困難だったのである。

訳者メモ　　効用の個人間比較

フローベイは、序数主義であっても禁じられているのはあくまで「効用の個人間比較」であって、「福利の個人間比較」までは禁じられていないと主張する。その上で、独立性を放棄さえすれば、個人の序数的選好に基づいて「個人間比較が可能となる福利」の尺度を得ることができ、意味のある社会厚生関数を構築できると論じている。

しかし、訳者はフローベイの主張に完全に納得しているわけではない。序数主義を放棄する必要はなく、効用の個人間比較は認めないが、生活水準や福利の比較は可能であると主張することはあまり説得的には見えない（数学的には間違えていないが、そもそもの議論の主旨・内容という点から説得的に思えない）。古典派の経済学において、効用（人間の人生における究極目標を表す尺度）はそもそも福利・生活水準と同一の概念であったはずである（アマルティア・センの『合理的な愚か者』（セン 1989）においても厚生・選好・福利を同一視する経済学の方法論が批判されてきたことは有名）。効用を単なる選好に読み替えて、「選好の序数主義」は維持しつつ、独立性を放棄することで、「福利の個人間比較を認めればよい」という主張は単なる数学的遊戯に基づく主張に訳者には見えてしまう。

しかしながら、序数主義を放棄する（＝本質的には「福利の個人間比較を認める」という方法）にせよ、独立性を放棄する（＝等価所得アプローチを使う場合、やはり「福利の個人間比較を認める」という方法）にせよ、要は「福利の個人間比較」を行い、分配に配慮した社会的評価を行おうというのがアローの不可能性定理を乗り越えるものとして共有されている。資産数兆円の大富豪と日々の暮らしに事欠くホームレスの生活水準や福利は客観的・科学的には比較できないため、アローの不可能性定理により社会厚生の意味のある集計・比較はできないとする主張は誤りどころか有害なものですらある。

独立性を考慮しない厚生経済学の第二の系譜は、費用便益分析である。二つの選択肢 a と a' にカルドア＝ヒックスの補償テストを適用するためには、第三の

選択肢 a'' を決めることができなければならい。この第三の選択肢 a'' は、たとえば、個人間の（訳注：所得や資源の）移転によって a から得られるもので、パレート原理によって a' と比較されることになる。これは、a と a' を順位付けるために a'' に対する個人の選好を推定する必要があるため、その特徴から言って、独立性に違反する。同様に、等価変分や補償変分の計算では、たとえば、a' における価格で a と同じ満足度を得るために必要となる最小支出を評価することが求められる。補償テストや、等価変分・補償変分に基づく費用便益分析は、これまで厳しい批判の集中砲火を浴びてきたが、このことについては次節で論じることにしよう。

訳者メモ　　**カルドア＝ヒックスの補償テスト**

　二つの選択肢 a と a' において、a の状況で所得や資源の再分配を行うと、a' の状況よりも全員が良くなる状態を作れるとしよう。このとき、カルドア＝ヒックスの補償テストのもとでは、a は a' よりも社会的に望ましいとされる。

　たとえば、自由貿易を推進することで得られる市場配分の結果が、自由貿易前の市場配分の結果と比べてパレート比較できないとしよう（つまり、自由貿易を推進することで損する人もいれば、得する人もいるという状況である）。このとき、カルドア＝ヒックスの補償テストは、自由貿易によって利益を得た人たちから損した人たちに対して損失分の補償を行い、それでもなお依然として自由貿易からの純利益が得られる場合には、自由貿易を推進した方が推進しないよりも良いと判断することを求めている。

　この補償テストは、一見問題のなさそうな比較方法に思えるが、実のところ、「a は a' よりも良い」し、「a' は a よりも良い」という非整合的な結果が生じてしまうことが知られている。また、倫理的な問題も存在する。補償テストによる判断では、多くの場合において、実際に得した者から損した者への補償がなくともよいとされてしまう。1980年代以降、主要先進国では自由貿易の推進と社会保障の削減を進め、さまざまな経済的諸要因も変化してきた結果として、所得・資産格差が増加したが、補償テストに基づく判断では問題がないものとされてしまうのである。

　独立性を無視する第三の系譜は、とりわけ無羨望と平等等価の概念で知られる公平配分の理論である◇4。前者は、どの個人も他者のバンドルを消費したがらないことの確認作業を求める◆3。後者は、単純なモデルにおける線分効用関数

〔原注◇4〕展望論文としては、Moulin and Thomson（1997）を参照されたい。

に依存し、このモデルでは生産されていない分割可能な商品の分配が考察される。ある配分が平等等価であるとは、その配分が効率的であり、かつすべての個人がこの配分における自分のバンドルと、ある比率をかけた参照基準バンドルとの間で無差別であり、この比率がすべての個人について同じであることを言う◆4。公平配分の理論は、すべての配分を順位付ける代わりに、効率的な配分の部分集合を選ぼうとするだけなので、アローの定理の否定的な結果を回避するとしばしば論じられている。実のところを言えば、部分集合を選択することは、粗いものにはなるが、一つの順序を定義することである◆5。公平配分の理論において肯定的な結果が得られる真の理由は、この理論が独立性を搭載していないことなのである。公平配分の理論の近年の発展は、アローの公理のリストを模倣した公理的な特徴付けに基づいて、きめ細かなランキングをもたらしている(その例を次節で与えよう)◇5。アローの公理のリストと異なっている点は、独立性が削除されるか弱められており、追加された公平性の公理が個人の状況を比較する方法を定義するのに役立っているという点である。この公平配分の理論の系譜は、個人の無差別集合を比較する方法と、不遇な個人を優先する度合いを厳密に

〔訳注◆3〕配分 x が無羨望配分であるとは、すべての個人が自分の消費バンドルが他の人の消費バンドルよりも望ましいと考えているものをいう。この状態のもとでは、誰もが自分の主観的評価では、他の誰よりも自分が一番望ましい消費水準を獲得できているため、衡平な状態にあると考えられる。形式的には、任意の個人 i, j に対して、$u_i(x_i) \geq u_i(x_j)$ となる配分 x を無羨望配分と言う。

〔訳注◆4〕基準バンドル x^* を与件とする。このとき、配分 x が平等等価配分であるとは、x がパレート効率的かつ、ある $\lambda > 0$ が存在して、任意の個人 i に対して、$u_i(x_i) = u_n(\lambda x^*)$ となることを言う。すなわち、平等等価配分のもとでは、すべての個人は疑似的に同じ消費バンドル λx^* を得ているに等しい満足度を得ている。効用の個人間比較を許さないもとであっても、仮想的な状況においては全員が同じ消費水準を得ていると見なすことができるため、平等等価配分は衡平と見なされる。

〔訳注◆5〕簡単に言えば、「選ばれた配分は等しく一番良い」として、「選ばれない配分は等しく一番悪い」という順序を作ることができる。より形式的には、「選択された部分集合に属するすべての配分は、それ以外のすべての配分よりも良い」かつ「部分集合内のすべての配分はお互いに無差別で、部分集合に含まれないすべての配分もお互いに無差別である」という順序になる。これは本文で指摘されているように、非常に「粗い」順序であるが、完備性と推移性を満たす立派な順序である。

〔原注◇5〕展望論文として、たとえば、Maniquet (2007) や Fleurbaey and Maniquet (2011) を参照されたい。

決めることによって、バーグソン＝サミュエルソン社会厚生関数の概念を肉付けしたものと考えられるのである。

3.3　等価集合、等価所得

　公平配分の理論の特徴の一つは、経済理論のすべての分野と同じように、特定の分配の文脈を記述する厳密な経済モデルのもとで機能するということである。これは、各々の配分問題における特定の問題を把握するために有用である上、必要なことでさえある。この理論は特定の文脈に対して多くの特別な解決策を与えてくれる。しかし、残念なことに、「現実」の文脈に対する妥当な社会基準を考案するという問題を考える際、当面の間は、微に入り細にわたるような提案をすることはできない。これらの現実の文脈のなかには、分割財と非分割財、私的財と公共財、市場財と非市場財、不均等な能力を伴う生産経済、複数世代にわたる経済などの問題が含まれる。

　さしあたってのところ、既存の結果のなかで興味深い解法の多くが平等等価族によるものであることが見て取れる。このような解法は、個人の無差別曲線や無差別集合による特定の数値指標に対してマキシミン基準やレキシミン基準◇6を適用したものである。いま、$\lambda \leq \lambda'$ のとき、かつそのときに限り $B_{\hat{\lambda}} \subseteq B_{\lambda'}$ となるような入れ子状の集合族 $(B_{\lambda})_{\lambda \in \mathbb{R}_+}$ を考えよう。この集合族が十分に多くの集合を含んでいる場合には、各個人の無差別集合に対して、その無差別集合に接する「等価集合」と呼ばれる集合 B_{λ} が存在することになる。言い換えれば、B_{λ} からの選択によって当該個人が得られる最大の満足度はその無差別集合に対応することになる。この考え方は、集合族内の「等価集合」を比較することで、所与の配分における個人の状況を評価するというものである。すなわち、（個人が B_{λ} から自由に選択できるのであれば）現在の配分と同じ満足度をもたらす集合 B_{λ} を比較することで個人の状況を評価しているのである。これらの集合は入れ子構造で、大きければ大きいほど良いため、このような比較を曖昧さなく行うことがで

〔原注◇6〕マキシミン基準は、2つのベクトルをそれらの最小成分で比較する。レキシミン基準は、最小成分、2番目に小さい成分、というように辞書式に比較する。

きる◇7・◆6。貨幣単位の効用と線分効用は、この「等価」アプローチを示す二つの例である。貨幣単位の効用については、$p^*x \leq \lambda$ という条件で定義される集合族 B_λ を考える。ただし、x は B_λ に属する個人のバンドルであり、p^* は参照基準価格ベクトルである。線分効用については、$x \leq \lambda^*x$ という条件で定義される集合族 B_λ を考える。ただし、x^* は参照基準バンドルである。このような個人間比較は、異なる選好を持つ個人間で行うことができるため、この社会基準を異なる人口集団間の社会的状況の比較に拡張することに重大な障害はない。

平等等価の特定基準がアロー流のアプローチにならってどのように正当化できるのか説明するために、健康水準 H と所得 I（合成財）の二財モデルに対して Fleurbaey（2005）が公理化した社会的順序を考えよう。健康水準は 0 と 1 の間にあると仮定する。個人の効用は利己的、すなわち、各個人の効用は自分自身の健康と所得にのみ依存すると仮定する。公理化された社会的順序は、個人の「健康等価所得」のベクトルに対してマキシミン基準を適用する。任意の個人 i に対して、i の健康等価所得は、現在の状況と、所得 I^* を伴う完全な健康状態との間で無差別となるような所得水準 I^* である（単調な選好に対しては、この健康等価所得を $I \leq I^*$ と $0 \leq H \leq 1$ の制約を満たすバンドル（H, I）を含む等価集合としても記述できる）。この基準を正当化する公理的分析は、上に挙げたアローの公理と次のような形で関連付けられる。①序数主義は保持される。②独立性は弱められる。新たな効用関数のプロファイルにおいて、効用水準に加えて、二つの配分における無差別集合が同じである場合には、二つの配分の順位は変わらないことが求められる。③弱パレート性は保持される。④公平性の公理が導入される。健康水準が同じ二人の個人間の所得格差を縮小するピグー＝ドールトン移転は、その二人が完全に同じ効用関数をもつか、完全な健康状態にあって、完全な健康状態のもとでのバンドルに対して同じ効用関数をもつという前提のもとでは、少なくとも同じくらい良い配分をもたらすことが求められる◇8。

〔原注◇7〕飽和しないことを仮定している。

〔訳注◆6〕飽和とは、ある消費量に達すると、それ以上消費しても満足度が上がらないという状況である。ここでは、議論を単純にするために、個人は消費について飽和せずに、消費量が増えるほど満足度が上がることを仮定している。なお、消費者が飽和してしまう場合には、いちいち各人の飽和する消費量の水準に達するごとに場合分けして議論を進める必要が出てくるが、本質的に重要な示唆が得られるわけでもないため、モデルを単純化している。

Becker, Philipson, and Soares（2005）の等価所得成長の計算も同様の考え方によるものである。彼らは、国ごとの代表的個人を考え、その国の等価所得成長を、健康水準（彼らの論文では、平均寿命）が一定のもとで、同じ満足度が得られるであろう所得の成長として計算している。これは、等価所得計算のための参照基準に、完全な健康状態ではなく、当初の健康状態を用いるということである。この尺度は非常に自然で直感的なものであり、等価変分の理念の一般化と見なすこともできる◇9。標準的な等価変分の概念は、等価所得の変化を計算するための参照基準として初期価格を用いる。価格ベクトルは、個人の健康状態や置かれている状況の特徴など、間接効用に影響を与える数多くの変数のうちの一つにすぎない。所得を除くすべての変数を一定とした場合に、同じ満足度の変化をもたらす所得の変化分を計算することは理にかなっている。しかし、等価変分を整合的な社会的基準に組み込むことは易しいことではない。代表的個人のアプローチを避けたいと思っている場合にはなおさら難しくなる。実際、等価変分は水準ではなく変化量に注目するものであるため、個人間比較には都合が悪いのである。たとえば、初期の健康状態が異なる二人の個人に対して、ゲイリー・ベッカーらのアプローチで計算される最終的な等価所得を比較することはできない◆7。可変的な参照基準に伴うもう一つの問題は、連鎖指数がほとんど意味をもたなくなることである。参照基準が変わることによる等価所得の増加分が加算されることは、固定された参照基準のもとでの等価所得の増加分とは等しくならないのである。これらの困難にもかかわらず、等価所得成長の体系的な計算（可能であれば、代表的個人を仮定せず、個人の等価変分を足し合わせる計算）は、通常の所得の成長を補完する貴重な情報を提供すると考えられるかもしれない。二つの成長率

〔原注◇8〕同じ効用関数を持つ個人に限定することで公理は弱くなる。この限定は、同じ健康水準でももう片方よりも所得が高い個人は、異なる選好をもった場合よりも必ずしも良いとは限らない（たとえば、現在の健康状態にもっと苦しむかもしれない）ことに配慮したものである。

〔原注◇9〕この種の一般化は、特にピーター・ハモンド（Hammond 1994）が研究している。

〔訳注◆7〕二人の個人の等価所得の変化分（つまり、各人の初期の健康状態を比較基準として各人は以前よりもどのくらい状況が改善・改悪されたかという変化分）は比較できるのに対して、参照基準の異なる二人の等価所得の比較（二人のうちどちらがより状態が望ましいのかという等価所得による比較。比較の参照基準が個人間で異なるため、両者の比較には意味がなくなる）には何の意味もないということ。

の曲線を比較することで、計算に含まれる生活の質の次元の推移についての情報が得られることになるだろう。このことは、分解式(5)の一種によって正当化できる。社会厚生関数 $W(u_1(m_1, z_1), \cdots, u_n(m_n, z_n))$ を考えよう。ここで、m_i は所得、z_i は他の次元を表す。いま、z_i に関する u_i の勾配ベクトルを $\nabla_z u_i$ とし、支払許容額（等価変分）を以下のように定義する。

$$WTP_i = dm_i + \frac{1}{\dfrac{\partial u_i}{\partial m_i}} \nabla_z u_i dz_i$$

このとき、(5)式と似たような方法で、以下のように書くことができる。

$$dW = \sum_i \beta_i WTP_i = \bar{\beta} \sum_i WTP_i + \sum_i (\beta_i - \bar{\beta}) \left(WTP_i - \frac{1}{n} \sum_j WTP_j \right)$$

ただし、$\beta_i = (\partial W / \partial u_i)(\partial u_i / \partial m_i)$, $\bar{\beta} = (1/n) \sum_{i=1}^{n} \beta_i$ である。

明らかに、分解式の第2項なくして第1項だけを計算すると、社会厚生の認識を歪めてしまうことになるだろう。この問題は、費用便益分析（Cost-Benefit Analysis：CBA）の今と昔の違いを彷彿させるものである。ここで、個人の効用を等価所得で補正することによって、CBA がどれほどの便益を得られるのか言及しておくことは有益だろう。従来の CBA は、補償テストや、補償変分・等価変分、WTP_i の総和に基づいていた。しかし、これは、富裕層に有利な偏りをもつこと（所得効果があるもとでは富裕層ほど支払許容額が高くなる）や、非整合的な結論になることがある。それゆえ、厚生経済学者は CBA を繰り返し批判してきた[10]。CBA のより洗練された形態は、社会厚生関数に依拠し、従来の加重なしの総和を、加重和 $\sum_i \beta_i WTP_i$ に置き換えることである。ここで、ウェイトは $\beta_i = (\partial W / \partial u_i)(\partial u_i / \partial m_i)$ であり、個人 i の所得の社会的限界価値を測定している[11]。一般に、実務家は、限界効用の自然な尺度がないため、応用におけるウェイトの選択に困り果てて、何らかの所得の減少関数を使うことが多かった。社会厚生関数 $W(u_1(m_1, z_1), \cdots, u_n(m_n, z_n))$ を使って、$u_i(m_i, z_i)$ を i の等価所得とすれ

〔原注◇10〕 たとえば、Arrow（1951）、Boadway and Bruce（1984）、Blackorby and Donaldson（1990）を参照されたい。

〔原注◇11〕 Dreze and Stern（1987）、Layard and Glaister（1994）を参照されたい。

ば、この問題はもっと扱いやすくなるように思える。個人 i の等価所得は、z^* を非金銭的な変数の参照基準として、i が (m_i, z_i) と (m^*, z^*) の間で無差別になるような水準 m^* のことである。このとき、残された倫理上の選択は、参照基準 z^* と関数 W（特に不平等回避の程度）に関するものだけになるのだ。

　等価変分の場合と同じように、等価所得という概念も、生活の質の任意の次元数に対して適用することができる。最初に、これらの次元の参照基準ベクトルを固定し、次に、生活の質が参照基準水準にある場合に同じ満足度をもたらす所得として等価所得を計算しなければならない。等価所得とは、通常の所得から、生活の質を参照基準水準にするための支払許容額を差し引いたものなのである。生活の質の要素として市場価格を考えれば、貨幣単位の効用と所得の PPP 補正を行う厳格な方法が得られる。個人に対する生活の質の要素として世帯規模を考えれば、ある世帯の構成員が参照基準となるタイプの世帯（たとえば、独身世帯）に属する場合に同じ満足度を与える等価所得を計算することができる。この方法は、たとえば、Browning, Chiappori, and Lewbel（2006）で提案されているが、標準的な世帯等価尺度（これは大胆な仮定をしないと市場需要からは特定できない尺度でもある）に比べて優れているように見える[12]。失業のリスクを考えれば、通常の所得からリスク・プレミアム分を差し引いて確実性等価の所得を計算することは自然である。余暇を考える場合、公平配分の理論で強調されているいくつかの合理的なやり方があるが、そのすべてが等価所得の計算にかかわっているわけではない。素朴な方法は、参照基準となる労働量を決めるやり方である[13]。OECD 諸国の生活水準を比較するため、Fleurbaey and Gaulier（2009）は、等価所得アプローチ（マクロ経済データに基づく推計）を用いて、余暇、健康、失業リスク、世帯規模に関する補正をしている。

〔原注◇12〕家計の等価尺度に関する総合的な考察は、Lewbel（1997）を参照されたい。個人の等価所得に基づく等価尺度は、最終的にはお馴染みの公式をもたらすことになるかもしれない。Fleurbaey and Gaulier（2009）が示したように、家計が予算の半分を地方公共財に、残り半分を私的財に支出し、世帯内の個人が同一であることを仮定すると、個人の等価所得に基づく等価尺度は、世帯規模の平方根に基づく OECD の世帯等価尺度と一致することになる。

確実性等価とリスク・プレミアムの定義は具体例を用いて説明した方が分かりやすい。

いま、確率1/2で100万円、確率1/2で0円もらえるギャンブルの状況と、100%の確率で50万円もらえる状況の二つがあったとしよう。このとき、前者のギャンブルも後者の確実に報酬がもらえる状況も期待値は50万円である。しかし、ほとんどの人は確実に50万円をもらえる方を選ぶだろうし、もっと少ない額でも確実に報酬を得られる状況を好む人が多い。

たとえば、確実に30万円の報酬がもらえるのであればギャンブルをする状況と同じくらいの満足度だと考える人がいるとしよう。このとき、ギャンブルと同じ満足度を与える確実な報酬額30万円を当該個人の「確実性等価」と呼ぶ。また、ギャンブルの期待値50万円と確実性等価30万円の差額20万円をリスク・プレミアムと呼ぶ。つまり、確実性等価とはギャンブルをしなければならない状況と同じくらいの満足度を与える確実な報酬金額であり、リスク・プレミアムは確実に報酬を受け取れるのであれば支払ってもよい最大の金額だと解釈できる。

本文中の例の場合、失業して無収入になるリスクを考えた際に、失業給付を受け取るために支払ってもよい最大の保険料（＝リスク・プレミアム）を差し引いた確実性等価の所得水準を個人の福利として用いるという話になっている。

等価所得アプローチは、「等価」アプローチで用いられる入れ子状になった等価集合族の特殊例である。この他の（訳注：等価アプローチの）選択肢もあるし、それは負けず劣らず理に適っているもののように思う。非所得変数を参照基準水準で固定する代わりに、生活の質と所得が同時に増加する進行経路に沿って、ある集合 B_λ から他の集合へと変化させることができるだろう。

〔原注◇13〕平等等価な家族においては、異なる倫理原理に対応する三つの異なる選択肢がある。一つ目の選択肢では、非課税等価予算（所得移転がないもとで、満足度を維持できる仮説的な賃金率）を計算する。もう一つの選択肢では、未熟練労働の市場賃金率で等価予算を計算する。第三の選択肢では、純賃金率ゼロに対応する等価予算（単調な選好のもとで、これは余暇等価所得を計算することに帰着する）を計算する。展望論文として、Fleurbaey (2008) を参照されたい。

3.4 批 判

　1.5節で述べたように、貨幣単位の効用は、等価アプローチ全般にも向けることができる批判を巻き起こした。

　第一の批判は、福利面での無視を指摘するものである。とりわけ（たとえば、健康や障害にかかわる）特別なニーズをもつ人々が無視されてしまうことを指摘する。Sen（1985）が強調するように、資源主義アプローチは、異なる個人が資源を福利（人間の繁栄）◆8に変換する能力が均等ではないという事実を無視し、外部資源のフェティシズムに陥っているように見えるかもしれない◆9。しかし、生活の質の次元のなかで明示的に考慮さえしていれば、ニーズは等価所得アプローチのなかに容易に取り込むことができる。それゆえ、個人間比較において適切にニーズを扱うために、序数主義を放棄する必要はない。特定の個人パラメータを包含するために、序数的選好の領域を広げることが単に求められているのである。この手続きは、個人がさまざまな水準のニーズや、ニーズと所得のさまざまな組み合わせに対して、明確に定義された選好をもつことを前提としている。この仮定は厳しいように思えるが、外部資源の移転によって特別なニーズをどのように補償するのか決定したいのであれば、このような選好に頼らないわけにはいかないだろう。平等等価アプローチは、資源の狭い意味での物質的概念にまったく縛られないということも強調されるべきだろう。というのも、等価アプローチを、たとえば、機能や潜在能力のような、より広範な選好の対象にも適用できるためである。このアプローチを特徴付けるものは、無差別集合の比較方法であって、無差別集合が定義される空間ではないのである。特別なニーズやより広範な

　〔訳注◆8〕ここでは、flourishing の日本語訳として「福利（人間の繁栄）」を当てた。この用語はアリストテレスにまで遡る概念であり、「人間の福利」を指す用語である。しばしば well-being と同様の意味で用いられるが、アリストテレスの伝統を重んじるマーサ・ヌスバウムの潜在能力アプローチにおいて特に好まれている表現である。

　〔訳注◆9〕「外部資源のフェティシズム」とは、外部資源（市場で売買できる財・サービスのように、個人間で取引可能で移転することが可能な資源の総称）だけで個人の福利が判断・評価できるという主張である。セン（1985）は、身体障害者と健常者の例を用いて、同じ資源を持っていても、その資源を用いて実際にできること、なりうる状態が異なることから、個人の保有する資源だけで個人の福利を判断することを批判している。

機能の概念を選好の対象に取り込むことに加えて、幸福度や満足度などの福利のより主観的な次元も考慮することは賢明なのだろうか。これは明らかに議論の余地のある問題であり、第5章でより詳細に検討することにしよう。

　第二の批判は、各人の貨幣単位の効用を変数とする社会厚生関数 W が、資源について準凹にはならない場合があるというものである（Blackorby and Donald-son 1988）◆10。実のところ、公平配分の理論の結果に基づいて、この結果をかなり一般化できる（Maniquet and Sprumont 2004）。パレート原理にしたがい、意図された配分の無差別集合によって個人の状況を比較する（すなわち、貨幣単位の効用だけではない）いかなるアプローチも、不遇な個人に絶対的な優先権を与えない限り、準凹にはならないだろう。公平配分の先行研究では、この結果から、マキシミン基準とレキシミン基準だけが許容可能な集計手段となることを導出している。これらの基準は不平等回避の領域において極端なものと見なされているため、望ましくない結果に聞こえるかもしれない。しかし、この理論は個人の状況を評価する方法については柔軟である。たとえば、個人の初期保有量が公平だ

〔訳注◆10〕この辺の議論も専門家以外はあまり気にせずともよいだろう。関心のある読者向けの説明をすると、ウィリアム・ゴーマンの有名な定理（Gorman 1959）によって、効用値を変数とする社会厚生関数 W が準凹であり、かつ効用関数が凹であるならば、W を用いて得られる資源を変数とする社会厚生関数も凹になることが知られている。しかし、Blackor-by and Donaldson（1988）は、貨幣単位の効用関数が一般には凹にならないことを示し、貨幣単位の効用関数を変数とする社会厚生関数が資源について凹にならないことを指摘した。この結果を2財モデルで簡単に例示しよう。いま、個人の効用関数が、レオンチェフ型の効用関数の変種 $U(x_1, x_2)=\min\{x_1, x_2+1\}$ で与えられるとしよう。このとき、支出関数は「up_1 if $u<1$ かつ $u(p_1+p_2)-p_2$ if $u \geq 1$」となる。参照基準価格を $p^r=(p_1^r, p_2^r)$ で与えたとき、この支出関数を変数とする貨幣単位の効用関数は「$\min\{x_1, x_2+1\}p_1^r$ if $\min\{x_1, x_2+1\}<1$ かつ $\min\{x_1, x_2+1\}(p_1^r+p_2^r)-p_2^r$ if $\min\{x_1, x_2+1\} \geq 1$」という形で定義できる。$p_1^r+p_2^r>p_1^r$ であるため、この関数はいかなる参照基準価格に対しても凹ではない。彼らは、この反例から理論を一般化して、貨幣単位の効用関数が凹であるための必要十分条件が個人の選好がホモセティックであることを証明している。なお、選好（を表現する効用関数 u）がホモセティックであるとは、任意の正の実数 λ、任意の消費バンドル x と y に対して、$u(x) \geq u(y) \leftrightarrow u(\lambda x) \geq u(\lambda y)$ となることである（ただし、この定義では、選好を表現する効用関数の存在を仮定していることに注意されたい。実際には、単なる選好関係に対してホモセティックであることを定義可能である）。すなわち、所得効果がまったく存在しないような選好を全員がもつ場合でもない限り、貨幣単位の効用を用いた社会厚生関数が資源について衡平な関数になることはないということである。

と考えられ、個人の無差別集合の比較が適切に組み込まれる場合には、自由放任主義政策でさえも正当化されるのである◇14。

　第三の批判は、貨幣単位の効用関数に対して提起されたものである。ケヴィン・ロバーツ（Roberts 1980）から着想を得て Slesnick（1991）が展開したもので、貨幣単位の効用関数は基準価格 p^* に依存しており、もし社会厚生関数がこれらの参照基準パラメータから独立であることを望む場合には、厳しい制約（たとえば、ホモセティックな選好）が必要になるという指摘である◆11。

　同様に、等価所得の計算も参照基準の選択に敏感である。しかし、何故このような（訳注：参照基準によって個人間比較の結果が変わるという）依存性を憂いたり、参照基準からの独立性を課すべきなのか、その理由は明白ではない。というのも、参照基準の選択は必ずしも恣意的なものにはならないのである。たとえば、健康等価所得の例では参照基準が自然な形で提案されている。健康等価所得では、完全な健康状態にある個人の状況は、健康に関する個人の選好を問うことなく（等価所得が通常の所得と等しいため）、所得だけで比較することができる。一方、完全な健康状態よりも悪い場合には、健康や所得に関する個人の選好を考慮することが求められる。これは適切な方法であるように見える。低い健康状態を参照基準にしてしまうと、病人の選好を考慮せずに病人の状況が（所得だけで）

〔原注◇14〕Fleurbaey and Maniquet（2011）を参照されたい。この結果のもう一つの読み方は、マキシミン基準やレキシミン基準の採用を望まない場合、不平等回避の明白な違反を受け入れなければならないというものである。健康等価所得を考え、健康水準が0.5に等しい二人の個人を想定しよう（健康水準の範囲は $[0, 1]$ であることを思い出されたい）。配分 x における二人の通常の所得が（100, 200）であり、等価所得は（80, 150）であるとしよう。二人の間で逆進的な所得移転が行われると、通常の所得は（90, 210）で、等価所得は（78, 190）という新たな状況がもたらされるとする。富裕な個人の大きな利益は、不遇な個人の小さな損失を上回るという理由で、二人の健康な個人に対しては分配（78, 190）が（80, 150）よりも良いとしよう。このとき、パレート無差別性によって、考察対象の0.5の健康水準の個人にとっても、逆進的な所得移転が改善をもたらすということは論理的である。このように、等価所得における不平等回避は肯定的ではあるものの限界があり、不健康な個人間の所得分配に対する不平等回避がないことを含意する場合がある。この例では、逆進的な所得移転が、特に移転の受益者に対して、両者の健康に対する支払許容額の低下を引き起こすことを観測できれば、直観的に擁護できるだろう。この例はまた、集計者が大きい不平等回避をもち、健康が中程度の所得効果を持つ正常財なのであれば、実践において、このようなピグー・ドールトン原理の違反が劇的な割合で起こることはないことを示唆するかもしれない。

比較されてしまう一方、健康な人が単純に所得だけでは比較できないという直感に反することが起きてしまう。同様に、前述したように、公平性に関する研究では、余暇の場合について具体的な参照基準が提案されている。世帯等価尺度の研究では一般に単身世帯を参照基準にしており、議論の余地があるかもしれないが、これは非常に自然なものに思われる。PPP計算における参照基準価格の場合でさえ、すべての価格ベクトルが等しく参照基準の許容可能な候補だと主張することは誇張であろう。要するに、参照基準に関する理論が未成熟であるとしても、参照基準の選択が恣意的であるという考えが単純に正しいというわけではないのだ。

　もう一つの問題に言及しておく必要がある。このアプローチを適用する上で必要不可欠なデータとなる個人の選好を推定することの難しさは過小評価されるべきではないだろう。選好のデータの源としては三つの可能性がある。第一に、観察された選択に基づいて顕示選好を得ることができる。これは市場商品の選好に対する標準的なデータ源であるが、標準的ではない商品（労働条件など）に対しては信頼性が低く、生活の質という選択できない側面に関する選好に対しては明らかに無力である。第二に、仮想評価法のアンケート（アンケートでは、回答者

〔訳注◆11〕この種の議論も専門家以外は気にする必要がない。直感的には、あらゆる参照基準価格で評価した等価所得であっても社会厚生関数が与える順序が変わらないようにするためには、基準価格の変化に対して所得の個人間分布の相対的な位置付けの関係性が比例的になっていることが求められる。ロバーツの証明した結果（Roberts 1980 命題4）でこのことを説明しよう。いま、全員が同一のホモセティックな選好をもつとき、価格ベクトルp、所得水準yのもとでの個人iの間接効用（＝貨幣単位の効用）は、ある関数gが存在して、$g(p)y$で与えられる。このとき、貨幣単位の効用を変数とする社会厚生関数が所得分布（$y_1, ..., y_n$）と（$y'_1, ..., y'_n$）の評価において、任意の価格ベクトルpとp'に対して評価が同じであるためには、以下の状況が成立しなければならない。

$$W(g(p)y_1, ..., g(p)y_n) \geq W(g(p)y'_1, ..., g(p)y'_n)$$
$$\leftrightarrow W(g(p')y_1, ..., g(p')y_n) \geq W(g(p')y'_1, ..., g(p')y'_n)$$

Wがホモセティックであれば上式が成立することは直ちに分かるだろう。さらに、上式が成立する場合には、Wがホモセティックになることも示せるが、その証明は割愛する。大事な点は、参照基準価格の選択と社会厚生上の判断が無関係になるためには、個人の選好が全員同一でホモセティックである上に、貨幣単位の効用を変数とする社会厚生関数もホモセティックであることが求められるのである。これは極めて強い仮定だと言わざるを得ないだろう。

に直接、自分の状況や環境におけるかくかくしかじかの変化に対していくらまでなら支払ってもよいと思うか質問する）や離散選択実験（回答者にランダムにメニューを提供し、好きなものを選んでもらう）から得られる表明選好法がある。遠く隔たったところにあるという特徴をもつ環境◆12の仮想評価法の研究をめぐっては多くの論争があった◇15。個人の状況に対してであれば、人々がより整合的な選好をもっていることを期待するかもしれないが、限定合理性や意思決定能力の乏しさに関する実証的な証拠の蓄積を見るに安心はできないように思われる◇16。第三のデータ源として考えられるものは、満足度調査である。何人かの著者が生活の質のさまざまな側面に対する支払許容額の推定のために満足度調査を用いている。しかし、このような質問に対する回答には観測されない個人の特性が影響を及ぼすため、ノイズが非常に多くなるだろう◇17。したがって、個人の選好を整合的な社会的基準に集計する理論上の可能性は、選好の推定方法における努力によって補われる必要がある。また、人々の（変わりやすく、いかにも一貫性がなさそうな）一時的な選好と、引き出すのがはるかに困難な深い選好の何らかの形態のどちらに関心をもつべきなのか、熟考する価値があるだろう。

　結論を言おう。公平理論と社会的選択理論の等価アプローチに関連する貨幣単位の効用および等価所得は、研究と応用のための有望な分野になるかもしれない。このアプローチは、これまでのところ、特定の配分問題を扱う特殊な経済モ

〔訳注◆12〕一般に、自分の生活とはまったくかかわりのない希少な生物種の絶滅可能性、一生行くことがないであろう地域の自然環境の保護、自分の子どもや孫すらも生きていないようなはるか未来の自然環境の保護などに関する経済評価額を聞かれても、多くの人は困惑するだけで、支払許容額を合理的に計算することなど決してできないだろう。本章原注15にもあるように、自然環境の保護に対する個人の支払許容額は経済合理性を満たさない傾向にあることが数多く報告されている。

〔原注◇15〕Kahneman, Ritov, and Schkade（1999）は、このような文脈において、人々は経済的な選好ではなく、象徴的な態度を表明すると論じている。このことは、特に、支払許容額が問題となっている数量（たとえば、汚染から救助された野鳥数など）に対して反応しないことに現れている。Diamond and Hausman（1994）も参照されたい。

〔原注◇16〕Bernheim（2008）は関連する既存文献を総括し、個人の選好の一部は少なくとも安定的で一貫しているため、厚生経済学はこの領域においては機能できることを示唆している（形式的には、個人の選好は、推移的な完備順序ではなく、非循環的な部分順序として定式化されるべきであろう）。

〔原注◇17〕第5章を参照されたい。

デルに多く応用されてきた。より広範な文脈における集合 β_λ の定義の厳密な分析はまだなされていないが、等価所得の直感的な応用は非常に容易に考えられる。

社会指標

　本章では、人間開発指数（Human Development Index：HDI）に代表される社会指標について論じられる。社会指標とは、さまざまな生活次元（その国・地域の平均所得、平均教育水準、平均余命、幼児死亡率、犯罪発生率など）をウェイトで重み付けて足し合わせた尺度として定義される。フローベイは社会指標の問題点として、以下の二点を挙げている。

　第一に、社会指標のウェイトを決める道徳的な理論がまったく存在しない。人々に「社会指標の各生活次元にどんなウェイトを与えるのが道徳的によいと思うのか」と実際に尋ねて、質問調査で得られた推計値をウェイトとして用いることはできるだろう。しかし、そもそも何故そのウェイトが道徳的によいと言えるのか説明する理論が存在しないのである。そのため、社会指標を用いることには、倫理的な正統性がないということになる。

　第二に、加重和のもととなる変数が「個人レベルの生活次元の指標をまとめたもの」ではなく、「社会レベルの生活次元の指標」になっている。すなわち、所得、健康、教育水準、居住地域の環境などの生活次元を個人ごとに集計して得られた個人レベルの福利水準を変数とするのではなく、社会指標は平均所得、平均健康水準、平均教育水準といった個別の生活次元を集計したものを変数として、それを重み付けて足し合わしているだけにすぎない。その結果、社会指標は、「所得、健康水準、教育水準のいずれも低い状況にあるような多重苦に陥っている個人」の状況を適切に反映することができない。

　とはいえ、個人レベルの正確なデータを入手することが難しい場合には、社会指標は次善の策としての価値があることをフローベイも認めている。

本章では、非金銭的なアプローチを説明しよう。現在、経済・社会・環境面での成果に関するさまざまな領域の指標を組み合わせた略式指標が豊富に存在する◇1。代表的な指標には、人間開発指数（Human Development Index：HDI）や、Osberg and Sharpe（2002）、Miringoff and Miringoff（1999）が計算した指標などが含まれる。このような指標の基盤となる理論は手短に論じることが可能である。というのも、その理論が皆無に等しいからだ。一般的な指標におけるさまざまな領域の指標のウェイトは慣習で決められており、これらのウェイトがどうあるべきか合理的に議論するための枠組みがこの指標の提唱者たちによって与えられることは滅多にない◇2。もちろん、観察者の倫理的選好を持ち出すことは可能である。観察者に対して、たとえば、自殺率と識字率のトレードオフはどの程度であるか尋ねることはできよう。しかし、そうした選好がいかにして形成されるのか手がかりとなる哲学・経済学上の理論がないのである。

　これらの指標の問題点は、個人レベルのものではないということである。すなわち、個人の指標を集計する代わりに、個人の福利におけるさまざまな領域での社会指標を足し合わせているのである。たとえば、健康と所得を考えてみよう。HDIのように、健康の社会指標（出生時平均寿命など）と所得の社会指標（GDPなど）を、教育の指標と一緒くたに足し合わせると、個人レベルでの健康と所得の相関とは無関係に、社会指標がすべて同じ値をもつ社会に対しては同じ結果が得られてしまうことになる。金持ちの方がより健康である社会よりも、両者に相関のない社会の方が望ましいという理由から、（個人レベルにおける所得と健康の）相関が重要だと考えるのならば、このような略式指標を当てにすることはできないだろう◇3。もちろん、この相関の情報が入手可能であるという仮定のもとでは、それを略式指標の追加要素として用いることもできる。しかし、個人レベルで状況を評価してから社会的に統合する方が、もっとずっと満足できる手続きであるように見える◇4。ここで認めておくべきことは、個人の状況のさまざまな側面の同時分布を推定できる個人データがない場合には、この指標が明らか

〔原注◇1〕展望論文として、Gadrey and Jany-Catrice（2006）を参照されたい。

〔原注◇2〕この論点は、たとえば、Ravallion（1997）によってHDIに触れつつ指摘されている。

〔原注◇3〕Dutta, Pattanaik, and Xu（2003）を参照されたい。

に有用な役割を果たせるという点である。ほぼすべての国の所得と寿命に関する比較可能な統計があることは一つの成果であり、HDIのような指標は、より良いデータが入手可能になるまでは存続させる価値があるだろう。

　スティーブ・ダウリック、イヴォンヌ・ダンロップ、ジョン・クイギン（Dowrick, Dunlop, and Quiggin 2003）は、このような指標の使用に関する顕示選好の議論に基づいた経済理論を提案している。彼らのアプローチは、さまざまな領域の成果を生み出すための生産技術と予算制約に直面する代表的個人（もちろん、相関の問題は脇に置いておく）を想定している。技術制約と予算制約を与件として、「A国がB国の成果のベクトルを優越するようなベクトルを得られるときに、A国はB国よりも良い」と言うことを彼らは提案している。このアプローチは二項比較を可能にしてくれる。しかし、原理的には、AがBより良いことと、BがAより良いことの両方が同時に起こってしまうことがある（彼らのデータでは、フィンランドとオーストリアにおいて生じている）。

訳者メモ　　**AがBより良いこととBがAより良いことが同時に起こる例**

　この問題はカルドア＝ヒックスの補償テストと同様の問題である。たとえば、A国がB国に比べて医療サービス部門が相対的に得意で、工業部門は不得意だとしよう（B国はその逆）。このとき、A国もB国も医療サービス部門に多くの投入要素を費やした場合、A国は医療サービスでも工業生産でもB国を上回る生産をできる場合があるとする。その結果、A国はB国よりも良いことになる。反対に、両国とも工業部門に多くの資源を投入した場合、B国は両産業においてA国を上回る生産をできる場合があるとする。この場合にはB国はA国よりも良いことになってしまう。

　また、彼らは、国ごとの選好が同じであり、代表的個人に対してホモセティックな選好◆[1]を仮定すると、数値的な指標が計算できる可能性があることも論じている。このアプローチは、指標の領域の空間における多次元の実行可能集合の比較について興味深い洞察をもたらすかもしれないが、標準的な社会厚生の概念と結び付けることは困難であろう。また、さまざまな次元の社会的成果の生産技

〔原注◇4〕HDIでよく指摘される追加的な問題として、少なくとも先進国については、GDP以外の構成要素の変動にほとんど差がないため、指数の変動のほとんどが経済成長率を反映しているということがある。

術を推定することの難しさ（ダウリックと共著者らは所得と健康だけを見ている）も、このアプローチを大規模に適用することを難しくしているかもしれない。

〔訳注◆1〕技術的な話をすると、各国の代表的個人の選好が同一であることによって各国の
生産可能性集合はこの代表的個人の選好に基づく最大要素によって評価されることになる
（ちょうど予算集合を個人の選好順序に基づく最大要素で評価するという方法と同じような
ものである）。この評価方法は、生産可能性集合上の連続な順序（ただし、集合の近さの概
念はハウスドルフ距離で定めることにしよう）を一意的に決めることと同じである。その結
果、各国の生産可能性集合はこの連続順序で評価されることになり、よく知られている連続
順序の表現定理によって数値表現することが可能になるというわけである。

訳者コラム② 人間開発指数（HDI）

　人間開発指数（HDI）とは、人間開発報告書の発案者であるマブーブル・ハックとノーベル経済学賞受賞者アマルティア・センによって1990年に提唱された開発尺度の一つである。HDI は、健康、教育、一人当たり所得の三つの異なる指標を一つに統合した社会指標・合成指標の一種であり、GDP のような経済的・物質的豊かさにだけ着目する尺度とは異なる開発指標として大いに流行することになった。

　HDI の算出には、最初に、各国の健康水準（出生時平均余命）、教育水準（就学児童の平均教育年数と25歳以上の個人の平均教育年数）、平均所得水準を加工して、各変数の最大値と比べて当該国家がどの程度その変数を達成できているのか計算する。次に、各変数の達成度合いに1/3のウェイトを付して幾何平均を計算することでHDI を求める。

　一人当たり GDP による単純比較の場合と比べて、HDI による社会の豊かさの比較では、平均余命や教育水準が高い先進国が優位に立つことが容易に理解できる。実際、表 1 は HDI の上位20か国と一人当たり GDP の上位20か国を並べたものであり、二つの指標がまったく異なる順位を導くことを明らかにしている。

　HDI の発表当初、この指標はセンの潜在能力アプローチを体現する尺度の一つとして解釈されていたが、その実情は大いに異なっていた。この尺度の開発時のエピソードがセン本人からの寄稿文という形で『人間開発報告書』の1999年版（国連開発計画 1999）のなかで披露されているので引用しよう。

　　私（注：アマルティア・セン）は人間開発報告書の発案者であるマブーブル・ハックに対し、人間開発と剥奪状況の複雑な現実を一つの単純な数値でとらえようとするこの種の不十分な指数（注：HDI）に的を絞ることに強い疑念を表明した。（中略）

　　この不完全さにハック自身も気づいていた。（中略）ハックは、しばし躊躇した後、（注：人間の生活の質に影響を与えるさまざまな社会、経済、政治的な特徴・情報を反映した）表をいくつまとめてみせたとしても GNP の支配的地位は揺るがないと確信したのである。人はこれらの表をていねいにみるだろうが、開発の簡潔な尺度を使う段になれば、便利さゆえに不十分で味気なくともつい GNP を使ってしまうのだと、ハックは言った。私がハックの弁に耳を傾けていると、T.S.エリオットの詩『バーント・ノートン』の「人間というやつはそんなにも現実を引き受けられるものでない」という一説が頭に浮かんだ。

表1　HDIと一人当たりGDPの国別ランキング（2021年）

順位	国・地域名	HDI値	順位	国・地域名	一人当たりGDP（USドル）
1	スイス	0.962	1	ルクセンブルク	131,874
2	ノルウェー	0.961	2	シンガポール	116,486
3	アイスランド	0.959	3	アイルランド	113,268
4	香港	0.952	4	カタール	104,740
5	オーストラリア	0.951	5	スイス	77,741
6	デンマーク	0.948	6	マカオ	71,122
7	スウェーデン	0.947	7	アラブ首長国連邦	71,077
8	アイルランド	0.945	8	ノルウェー	70,796
9	ドイツ	0.942	9	アメリカ	69,227
10	オランダ	0.941	10	ブルネイ	68,417
11	フィンランド	0.940	11	香港	65,981
12	シンガポール	0.939	12	サンマリノ	65,432
13	ベルギー	0.937	13	デンマーク	64,046
13	ニュージーランド	0.937	14	台湾	62,696
15	カナダ	0.936	15	オランダ	62,685
16	リヒテンシュタイン	0.935	16	アイスランド	59,965
17	ルクセンブルク	0.930	17	オーストリア	59,759
18	イギリス	0.929	18	スウェーデン	59,587
19	日本	0.925	19	ドイツ	58,757
19	韓国	0.925	20	アンドラ	58,383

出典：UNDP（2022）表7（p.299）およびIMF統計をもとに訳者作成。なお、購買力平価調整済み1人当たりGDPはIMF統計に基づく推計値を用いている。

　ハックはこう主張した。「我々が必要としているのはGNPと同じ程度に俗っぽい尺度だ。たった一つでいい。ただ、GNPほど人間生活の社会的側面に無理解ではない尺度が必要だ。」彼はHDIが（中略）GNPを補う有用なものであってほしい、と望んでいたばかりでなく、人間開発報告書で綿密に分析されている他の変数にも一般の関心を向けさせるのに役立てばいいと望んでいた。

　ハックは、望みどおりのものを手に入れることができたと私は認めざるを得ない。そして、彼に荒削りな尺度を追い求めるのをあきらめさせなくてよかったと安堵している。ハックはHDIの魅力を巧みに利用して人間開発報告書に示されている多数の体系的な表と綿密で重要な分析に、読者の関心を釘づけにした。

引用：国連開発計画（1999）p.29

社会の豊かさと開発を評価するための尺度の歴史を振り返ると、「総所得・平均所得」に過度に依存するアプローチへの反発の歴史であったことが容易に理解できる。

　強権論者や道徳心・公共心の低い一部の富裕層を除けば、私たちのほとんどは、社会の総所得のみならず、所得の分配と、人生の豊かさを彩る多様な側面（たとえば、心身の健康、実質的な機会の平等、偏りのない教育、安全な暮らし、持続可能な自然環境、支配的・従属的ではない対等かつ良好な人間関係、仕事と生活の程よいバランス、基本的人権と民主的な自由の尊重など）の両方を気にかけている（余談になるが、すべての富裕層の公共心が低いわけではないことには十分注意されたい。「泥棒男爵」という言葉にも代表されるように、20世紀半ばまでは正義・貧困・格差・社会福祉の問題に関心をもたない富裕層は軽蔑と非難の対象であった。ジョン・ロールズの正義の理論を持ち出すまでもなく、私たちの共同体から大きな金銭的利益を得ている富裕層が保有する富の量に応じて公共の福祉への貢献を求められることは当然であろう）。

　たしかに、一部の経済学者が論じるように、平均所得と生活の質の多様な側面の間には正の関係が見られる。しかし、その相関は完全なものではない。一人当たり所得の高い先進国間の生活水準比較であっても、所得分配と生活の質には大きな違いが生じていることに研究者たちの多くがかなり前から気付いているのである。それゆえ、GDP に代わる俗っぽい尺度としての HDI の政治的影響力は重要であったし、これからも荒削りな尺度で社会を概観することの重要性が消滅することはないだろう。そもそも何かを評価するという営み自体の本質が、複数の規範的な基準の間に生じる対立と緊張関係にバランスを付けて、物事の善し悪しを要約する（つまり、大量の情報から「大事な点」を取捨選択して大雑把に把握する）というところにあるのだから。

幸　福

訳者による 第5章の概要

　本章では、幸福度や人生満足度を福利の尺度とすることの是非が論じられる。経済学者は「主観的幸福感（subjective wellbeing：SWB）」の議論を受け入れるようになってきたものの、SWB を「個人間比較可能な効用」と捉えるだけで、その多元性を無視する傾向にある。SWB には少なくとも、①認知的評価（自分の人生が幸福か否か内省的に評価する）の側面と、②感情（自分は幸福・不幸だと感じている）の側面の二つがある。しかし、実際の心理学・経済学の研究においては、この SWB の多元性を分離できていない調査が多い上、SWB の決定要因の解明を目的とすることが多い。SWB の決定要因の因果関係を解明することは容易ではないが、そのこと自体は規範分析にとって重要なテーマではない。

　規範分析にとって重要な問題は、SWB が「順応してしまう」という点である。たとえば、人は事故や病気で身体に重度の障害を負ったり、親しい人と死別するような重大な出来事があっても、数年も経てば幸福感は元の水準に戻る傾向がある。また、出世したり、所得水準が上がったり、高価な物を買っても、幸福感はすぐに元の水準に戻ってしまう。このように、重大な出来事や、物質的な豊かさの向上に対して人の幸福感は平常の水準に戻るという「順応」の現象がさまざまな幸福研究のデータ分析で広く報告されている。幸福感に基づいて社会厚生を判定しようとする場合、SWB の順応があるがゆえに、「物質的な豊かさ」を社会・政策担当者は気にかけずともよいということになるのだろうか。

　一般に、順応には二つのタイプがある。一つのタイプは「快楽順応」であり、幸福をもたらすもの（物質的な豊かさなど）の「刺激に慣れる」ことで幸福感が元の水準に戻るという現象である。人は日々の状況に慣れて、物質的な豊かさがもたらす恩恵とそれに伴う幸福感をすぐに忘れてしまう。もう一つのものは「願望順応」で、満足できる基準が変わることで、幸福感が元の水準に戻るという現象である。何かを達成したり、出世をすると、人は自然と更なる高みを目指す（反対に達成できなければ、願望の水準を下げるか、別の願望を達成しようと軌道修正する）。このとき、自分の満足できる基準を以前の願望水準（たとえば、課長になること）ではなく、より達成困難な願望（たとえば、部長・役員に昇進すること）に置き換えるため、人は現状に満足できず、以前の願望達成がもたらしてくれた幸福感もなくなることになる。心理学・経済学研究における実際の観測結果では「快楽順応の方が願望順応よりも効果が大きい」ということが確認されるため、人々は物質的な豊かさの方に慣れて順応する効果が大きいようである。

　快楽順応によって物質的な豊かさが幸福感の向上をもたらさない場合、社会厚生

は物質的な豊かさをどのように評価すべきなのだろうか。この問題は、立脚する哲学の立場によってまったく異なる判断が下される。功利主義（快楽厚生主義）の伝統にしたがえば、物質的な豊かさを目指さず、副作用のない多幸感をもたらす薬物を開発・普及することが推奨される（訳者にはおぞましい立場にしか見えない！）。SWBの認知的な評価を重視する「満足度厚生主義」の立場では、人生の認知的な評価（内省的評価に基づく人生の価値）を高める要素を改善すべきだという結論になる。これらの快楽厚生主義や満足度厚生主義の他に、有力な代替案には、哲学の主流派であるロールズ、ドゥオーキン、センによる自由主義アプローチがある。このアプローチでは、各人の認知的な評価は重視しつつも、満足度厚生主義とは異なって、「幸福の総和」の最大化は目指さない。さらに、願望基準を下げて満足度を高めるという方法を「社会厚生の改善」とは見なさず、「順応が起こって満足度が上がらないとしても、物質的な豊かさは重要である」という立場を採る（実際に、センは個人の福利を潜在能力集合で評価することを提唱している。この点は第6章の議論を参照されたい）。

　幸福の研究から得られた、①SWBの多元性（幸福には認知的評価と感情の二つの側面がある）、②SWBの順応（幸福感は物質的豊かさが改善しようとも、人生の重大な出来事があろうとも元の水準に戻ろうとする）、③隣人との比較（個人は自分の所得や消費の水準だけではなく、周囲の人の所得や消費の水準との比較を通して自分が幸福かどうか決めている）、といった知見は、従来の経済学における「首尾一貫した周囲の人の影響を受けない効用」という仮定と大きく異なる。しかし、これらの成果を受けて、経済理論は「一貫した効用・選好」という前提を根本的に変える必要はない。「SWBの多元性と順応」の問題は「より広い次元で定義される選好」や、「学習によって変わる選好」を考えれば容易に対処可能である。また、「隣人との比較」の問題は、私的選好と社会的な選好を分離して考えることで、公平な議論を展開することが可能になるため、あえて対処するような問題ではない。

　最後に、厚生主義における不遇な個人は、「心理的・身体的苦痛の大きい人」、「高望みを止められないことで苦しんでいる人」であり、「物資的に最も貧しい人」や、「社会的に抑圧・排除されている人」には必ずしもならないという問題がある。これに対して、自由主義における不遇な個人は、何らかの「生活次元の指標」で最も不遇な個人であり、私たちの福利の直感によくなじむ。しかし、福利の個人間比較を行うための生活次元の指標をどう構築すべきか、第6章で考察する「指標化のジレンマ」の問題と向き合う必要がある。幸福の研究は、快楽・満足度厚生主義のいずれの立場においても、哲学上の自由主義アプローチとのより良い対話が必要であるとともに、幸福の認知的評価を計測するためのより良い方法の開発が必要とされている。

幸福に関する研究はこの10年で急増し、その成果は多くの展望論文によくまとめられている◇1。ここで検討しなければならない問題は、このアプローチが社会厚生の評価にどのような情報をもたらしてくれるのかということである。GDP を GNH（Gross National Happiness：国民総幸福量）に置き換えるという話に私たちは歩み寄るべきなのだろうか。幸福研究にまったく価値がないと主張する研究者はいないものの、その立場は実にさまざまである。国民の幸福量を測定し最大化することを提唱する者（Diener 2000, Kahneman et al. 2004, Layard 2005）もいれば、さまざまな理由からこの考えに断固として反対する者（Burchardt 2006, Frey and Stutzer 2007, Nussbaum 2008）もいるのだ。幸福研究が純粋な物質的成果からより広範な価値観へと社会評価の焦点を移行すべきという歓迎すべき提案をしているという点では合意ができているように思われる。とりわけ、この研究では消費の役割が軽視される一方で、社会的なつながりの重要性が強調されている。

5.1　主観的幸福の計測可能性

　何はともあれ、主観的幸福（SWB）◆1の計測可能性への経済学者たちの伝統的な疑念は、最近の研究の進展によって緩和されたと考えることができる。質問紙調査（「あらゆることを総合して、あなたは最近の生活全体にどの程度満足していますか？　非常に満足している、満足している、あまり満足していない、まったく満足していない、のどれですか？」）、経験サンプリング法（一日のなかのランダムな一時点での気分を表明する）、一日再構成法（一日をふりかえってそのときそのときの短時間の気分を表明する）、生理学的測定（ホルモン濃度、皮膚伝導度など）、神経学的測定（脳活動）、行動観察（笑顔など）を組み合わせるこ

〔原注◇1〕特に、Diener（1994, 2000）、Diener et al.（1999）、Frey and Stutzer（2002）、Kahneman and Krueger（2006）、Layard（2005）、Oswald（1997）を参照されたい。

〔訳注◆1〕本書では、subjective wellbeing（SWB）の日本語訳として「主観的福利」とはせず、標準的に用いられている「主観的幸福」をあてることにする。というのも、主観的幸福をめぐる研究の多くが、「幸福感」の概念に焦点を当てており、経済学や哲学で考えている個人の生活水準全般における規範的な望ましさも含意する「福利」の概念とは異なっているように思われるからである。

とで、これまで以上にかなり一貫したSWBの推定結果が得られるようになったと考えられる。言語による意思表明や質問の尺度から得られた結果が本当に個人間（とりわけ文化間）で比較できるのかという疑問は残るものの◇2、データにみられる個人間のパターンに対していかなる意味も認めないとするのは誇張が過ぎるだろう。全体として、近い将来、SWBのデータの信頼性◇3が高まるという楽観がもてる。

　心理学の研究が解明した重要な事実の一つで、一部の経済学の研究では時おり軽んじられてしまうものが、SWBの多元性である（Diener et al. 1999）。重要な区分は、認知的評価（人々が自分の生活をどう捉えているのか）と感情・情動の状態（人々が自分の生活のなかでどのように感じているのか）の対比である。感情にはそれ自体にさまざまな形や色があり、正の感情と負の感情の間には驚くほどの独立性がある。このことは脳内の異なるメカニズムが関連していると考えられる◇4。この観点から見れば、ベンサムやエッジワースの「効用」は、人間心理の複雑性を無視した人工的な概念なのである。これらの一連の研究結果にみられる欠点の一つは、多くの研究において感情と判断を分離することがあまりなされていないことである。「全体としての」人生満足度に関する質問は、その日の気分、現在の天気、質問紙に回答する直前に小銭を見つけるといった一時的に気分を変えるような偶発的な出来事によって、相当程度影響を受けてしまう。近年の「人生のはしご」調査は、回答者に自分の人生を0（ありうる最悪の人生）から10（ありうる最高の人生）までの間で順位付けるように求めるものであるが、これは人々の満足度の認知的な部分を特定することに近いのかもしれない（Deaton 2008）。たとえ一時の気分が判断による評価と感覚の混じり合った結果

〔原注◇2〕　たとえば、Krueger et al.（2008）が発見したように、アメリカ人女性とフランス人女性は、自分自身を「とても幸せである」もしくは「幸せである」と回答することについて異なる考えをもっているように思われる。

〔原注◇3〕　Krueger and Schkade（2008）は、主観的幸福度データの信頼性についてバランスの取れた評価を行っている。

〔原注◇4〕　2次元以上の感情の分類（たとえば、Russell（1980）が提案したポジティブ／ネガティブ感情価と高／低覚醒度）や、離散的なカテゴリー（Ekman 1992）による感情の分類は、心理学に多くの議論をもたらしてきた。すべての情動を区別できる単純な分類はないように思われる（たとえば、怒りと恐怖はどちらも強度のネガティブな情動である）。これらの問題については、Frijda（1999）を参照されたい。

であるとしても、情動の状態に関する特定の調査が感情を捉えていると確信することはできるかもしれない。Kahneman and Krueger（2006）は、そのときそのときの情動に関するデータを統合して、不快さが支配的な感情を占める時間の割合を測定する「U 指数」を提唱している◇5。この指数は、個人に対しても、集団の平均に対しても計算することができ、特定の活動や一日全体に対しても計算することができる。この指数の利点は、情動尺度の基数的な調整を必要とせずに（ただし、良い感情と悪い感情の極めて頑健な区別だけは例外とする）、基数的であるということだ（「ある個人は他の個人よりも20％多く不快な時間をもっている」と言うことは意味がある）。その反面、この指数は不快さの強度の変動を考慮しないし、良い感情が支配的となる時間の大部分で起こっていることを無視している。

訳者メモ　心理尺度

　心理尺度の多くは、「大いに満足する」、「満足する」、「どちらともいえない」、「満足しない」、「まったく満足しない」などのように、心理的な感覚の程度を何段階かに分けて質問することが多い。このとき、感覚の程度を強制的に数値に変換して、平均尺度を計算するという処理を行うのだが、経済学者の多くはこのような処理をした比較に拒絶反応を示すことが多い。

　たとえば、「大いに満足する」ことは 2 の価値をもち、「満足する」ことは 1 の価値をもち、「どちらでもない」ことは 0 の価値をもつと言われた場合、その操作自体になんの科学的根拠があるのかと問われれば、恣意的な変換にすぎないということになる（心理尺度における信頼性と妥当性もこの問題を解決はできないことに注意されたい）。

　さらに、これらの数値を個人間・国家間で比較することに果たして意味があるのだろうか。実際、日本人は心理検査において「控えめな回答」を選ぶことが知られており、他国に比べて幸福度が低いという結果も得られている。果たしてこの結果が本当に幸福度の低さから生じているのか、何事も控えめに言うことを好む日本人の文化的傾向性から生じるのか非常に微妙な問題である。多くの経済学

〔原注◇ 5〕Kahneman and Krueger（2006）で説明されているように、個人間の回答の比較可能性には疑問が残るため、その疑念が「U 指数」と、Kahneman et al.（2004）が当初提唱していた指標との違いを生み出すこととなる。当初の指標では、さまざまな活動において当該集団が得た平均幸福感の時間で重み付けた加重平均になっていた。この後者の指標は感情に関する基数尺度が必要となるのに対して、前者の方はネガティブな感情が優勢であった時間帯を特定すればよいだけなのである。

者の拒否感も無理からぬものとして理解されよう。

　とはいえ、訳者は幸福な人と不幸な人の比較はできず、「非常に満足している」人と「非常に満足していない」人の主観的評価の比較はできないとする極端な立場も常軌を逸しているように見える。神経科学の発展によって、人間の快・不快、喜怒哀楽を客観的に把握できるようになりつつある現状では、幸福と不幸の違いや、幸福感の多元性についても科学的な解明が進むことになるだろう。

　幸福研究における先行研究の大半は、幸福の決定要因を理解することを求めており、所得、健康、社会的地位と失業、婚姻関係と家庭生活、宗教、権利と政治的自由などの相対的な重要さ、動学的な効果や隣人集団との比較に伴う複雑さについて、数多くの魅力的な知見を得てきた。これらの多くの研究で広く見られる特に難しい点は、横断面の分析では幸福との相関は分かっても、因果関係の方向性までは必ずしも明確ではないということである。たとえば、失業と不幸の間にみられる強い相関は、失業が幸福に及ぼす効果だけではなく、その根底にある第三の要因（個人の性格が仕事の安定性と幸福感にもたらす影響など）の複合効果も反映している可能性がある。また、仕事をいやいや辞めさせられるときの感情の効果が直に反映されている可能性さえある◇6。しかしながら、この因果関係の問題は、SWB 測定の正確さを損なうものではなく、ここで考えている潜在的な規範的重要性に直接の影響をもつものではない。

5.2　順　応

　SWB が測定「できる」という事実から、それが社会評価の指標と「なるべきだ」ということは言えない。非常に驚くべきことに、幸福研究は、過去数十年にわたる厚生主義に関する活発な哲学上の議論、特に、Rawls（1982）や Sen（1985）が提起した功利主義批判にまったくと言っていいほど言及していない◇7。そう

〔原注◇6〕Frey and Stutzer（2002）や Ferrer-i-Carbonell and Frijters（2004）などの多くの研究者は、パネルデータを用いることで個人の固定効果を除去することを推奨している。Clark, Frijters, and Shields（2008）は、パネルデータの限界について論じている。比較対照実験や自然実験も有用である。

ではあっても、この先行する議論における重要な要素の一つ、すなわち、主観的な順応が客観的な格差を易々と見えなくしてしまうという事実は、幸福研究の専門家が挑むべき謎として偶然にも浮上しているのである◇8。主観的幸福は、長期的には客観的状況の多くの側面にかなりの耐性をもっているように見える。人々は驚くほど現状に順応する能力を示すのである。人生における重大な出来事の後、満足度は通常の水準に戻るし、さまざまな感情も通常の頻度に戻る◇9。普段の気分と満足度の重要な決定要因は個人の性格（外向的なのか内向的なのか）である。SWB が客観的な状況にそれほど敏感でないのであれば、私たちは格差や、安全、生産性を気にすることをやめるべきなのだろうか。

　Kahneman（1999）は、この現象が快楽順応（hedonic treadmill）と願望順応（aspiration treadmill）のどちらによるものなのか疑問に思った。快楽順応は、反復刺激に対して被験者が徐々に慣れることを反映したものであり、願望順応は被験者が願望の水準を順応させることで自分の状況を評価するようになることである◆2。これは、規範的な結論を得るためには重要な問題である。初期の功利主

〔原注◇7〕二つの例外は、Burchardt（2006）と Schokkaert（2007a）である。Layard（2005）も厚生主義に対するいくつかの反論に言及し、これを速やかに退けている。

〔原注◇8〕適応に関する最初の有力な研究（Brickman and Campbell 1971）は、センの貧困状態を受け入れる飼いならされた主婦の例よりもさらに前のものになる。

〔原注◇9〕個人の願望は、過去の経験だけでなく、その個人が参照基準としている集団の成果にも依存する（たとえば、Clark and Oswald（2002）、Clark, Frijters, and Shields（2008）、Van Praag and Ferrer-i-Carbonell（2007）、Frederick and Loewenstein（1999）を参照されたい）。

〔訳注◆2〕快楽順応は「今の状況から受ける刺激に慣れて、幸福感・満足度が普通になる」ことである。客観的な生活水準が貧しかろうが豊かであろうが、人は今の状況から受ける刺激に段々慣れて、幸福・不幸の感情を特に感じなくなる。一方、願望順応は「今の状況を通常の状態と捉えて、自分の能力水準や状況に見合った達成可能な願望水準に基づいて自分の状況を判断するようになる（自分の能力・状況に合わせて、どこまでできたら満足するかという満足の「基準・ものさし」を変更する）」ことである。人は昇進や困難な事業を成し遂げると、さらに達成の難しい目標を掲げるようになる。たとえば、課長に昇進したことで一時的にその人の自己評価は高まるだろう。しかし、新たに調整された願望の基準（部長に昇進することが今の自分にとって満足できること）から見れば、今の課長職では満足できなくなるため、幸福感は元の水準に戻るようになる。一方、自分の夢や希望が叶わないと分かれば、高望みをやめて自分の達成できる願望水準に軌道修正し、低くなった自己評価もやがては元に戻るようになる。

義の伝統にならって、社会評価にとって規範的に重要な尺度は経験に伴う快楽的効用（experiential hedonic utility）であるとしよう。仮に順応が快楽の経験よりも願望の方に影響をもつということが判明した場合には、快楽の指標としての「国民幸福量（national happiness）」は実際に客観的な状況に敏感だといえる。そうであれば、このような指標を危なげなく測定できることになろう。ただし、この指標を満足度の表明に基づかせることはできず、より直接的な情動の観察が必要とされることになる◇10。

しかしながら、実際には、満足度のデータは感情の記録よりも人生の出来事との相関の方が大きいため、Kahneman and Krueger（2006）は、予備的な証拠は願望順応より快楽順応の方が優勢であることを示唆すると述べている◆3。少なくともそのような尺度が物質的な生活条件に対して一定の反応を示すことを望む場合、このことは国民幸福量を快楽的効用で測るという考え方を損なうものになる（もう一つの選択肢は、物質的条件は大して重要ではないと宣言してしまうことだ）。さらに、たとえ願望順応がそれほど圧倒的なものではないにしても、この順応もまた申告された満足度を福利の尺度として用いることに疑問を投げかける。世界中を対象とした「人生のはしご」調査の最近の研究において、Deaton（2008）は、生活条件に関する情報のグローバル化によって、当然のことながら、回答者が世界共通の生活水準のランキングにしたがって自分の生活を評価するようになっていることを観察している。彼は、参照基準が変わってしまうために、

〔原注◇10〕Kahneman, Wakker, and Sarin（1997）は快楽経験の測定に関するもう一つの障害を指摘している。人々の記憶は経験した感情を歪んだ形で記録しており、エピソードのピークと最後の瞬間に過剰に注意を向けてしまう。そのため、個人の真の快楽経験を抽出する方法（経験サンプリング法、一日再構成法など）を見つける必要がある。

〔訳注◆3〕人々は「物質的な消費活動に伴う快楽の増加」よりも「人生で起こった事柄や達成した事柄」に基づいて人生満足度を付けている傾向にあるということが示唆される。その結果、快楽がもたらしてくれる満足効果は一時的なものにすぎず、快楽刺激に対する慣れの作用が大きいと考えられる。つまり、物質的な充実がもたらす快楽はすぐに慣れてしまい、個人を元の幸福度に引き戻すため、快楽を大きくしたいと望むものにとって物質的な充実はさほど重要ではないという結論が得られるのである。これは「幸福であるためには物欲・煩悩を捨てよ」という仏教の教えに近いように見えるかもしれないが、幸福研究のもう一つの重要な教訓に「日々の暮らしに感謝して、順応の効果を最大限に抑え込め」というものもあるので必ずしも同じものではないだろう。

そのような調査を長期にわたって信頼することはできないと論じている。加えて、「人生満足度も健康満足度も客観的な健康状態を適切に反映できないという理由だけで、どちらも人口集団の信頼に値する福利指標と見なすことはできない」（p.70）と結論付けた◇11。

5.3　主観的幸福をめぐる二つの概念

　自由主義と厚生主義の対立をめぐる初期の議論と最近の幸福研究は、主観的データをどのように利用するかについて、二つの規範的概念が競合していることを示唆している。

　ジェレミー・ベンサムとフランシス・エッジワースに触発された厚生主義の概念は、それが明示的もしくは全面的に支持されているわけではないにしても、幸福研究においては支配的である。その快楽主義版では、効用を主に持続時間と水準の二つの数量によって特徴付けることが可能な感情だと見なしている。後者は数値尺度で測定され、不快な感情には負の値、快い感情には正の値を割り当てる。短い同一のエピソードのなかにも正と負の感情が併存することは可能であり、一時点での効用水準はその純差額と見なされる。

　時間に関する分離可能性を仮定すると、総効用は一時点での効用の時間を通じた積分によって計算できるようになる。個人はこの積分を効果的に思い出すということがなく、何が正と負の感情を生むのかについてしばしば間違えてしまうため、個人の選好や意思決定は「真の」効用を最大化することができない。たとえば、新車を買えば幸せになれると思っていたのに、数週間も経てばその効用の増加分が目減りしてしまう。数時間余計に働いてもっとお金を稼げば幸せになれると思っていたのに、家族関係の悪化が効用にもたらす悪影響の方がずっと大きく、ずっと長く続くことが判明してしまう。国民の幸福を最大化しようと望むの

〔原注◇11〕Deaton（2008）において不可解な知見は、実のところ、横断面において人生満足度は所得（の対数）とよく相関するものの、健康水準と相関せず、HIV の流行とさえ相関しないということである。「報告された人生満足度が、現代社会において他に類を見ない深刻な感染症から影響を受けないということは衝撃的であるように思われる」（p.63）。

であれば、国民の真の幸福を促進するために、人々の選好の満足度をできるだけ抑えるような政策を考えなければならないことになってしまうのである。快楽順応は、心理的介入の方が大半の客観的な生活条件の変化よりも効果的である可能性を示唆している。この観点から見ると、多幸感をもたらす副作用のない薬の開発が何をもましての急務ということにさえなるのかもしれないのである◇12。

　この考え方の変種は、幸福の認知的な側面をより強調するものである。満足度の判断は快楽的効用よりも重要だと論じられるかもしれない。というのも、感情は生活の一領域にすぎず、ほとんどの人は快楽の感情を客観的な成果と交換することをいとわないためである◇13。また、人はどんな感情を育みたいかという点においても異なっている。とりわけ、直線的な尺度に基づく快楽モデルの効用水準では、多くの人々が激しい喜びよりも静かな満足の方を好んでいるという観測結果をうまく説明できない◇14。この変種は、効用の尺度として使用可能であり、かつ個人間で比較可能で集計可能な満足の尺度を見つけようとしている。また、満足度の決定要因を見つけ、長期的に何が本当に大きな満足度を与えるものなのか、人々の誤解を解くことにも関心がある。

　厚生主義の快楽版および満足版に対する代替案は、ロールズ、ドゥオーキン、センのような自由主義的な哲学者のアプローチに基づいて考えることができる。この代替案は、満足厚生主義のように、個人の生活に対する認知的な評価に注意

〔原注◇12〕Layard（2005）はこの立場を支持している。彼は、もしそのような薬が存在すれば、ほとんどの人はそれを飲むだろうと主張して、この立場を擁護する。しかし、（薬の錠剤を飲んでも他の活動に支障が出ないと仮定した上で）人が錠剤を飲もうと決意するにあたっては、人々は自分の幸福に何らかの価値を見出すだけでよいのであり、幸福に独占的な価値までは与えなくともよいということに気付かれたい。

〔原注◇13〕幸福は人間の究極的かつ非道具主義的な唯一の目標であるという、しばしばアリストテレスに帰せられる人気のある格言は、（幸福が目標の達成と同義である場合には）循環論法か、（幸福が感情である場合には）実証的に正しくないか、のいずれかになってしまう。この主題に関するアリストテレス、ジョン・スチュアート・ミル、ベンサムの見解については、Nussbaum（2008）を参照されたい。

〔原注◇14〕この点については、Diener（2000, p.36）を参照されたい。彼もまた主観的幸福（SWB）の多次元性を主張し、この論文において普遍的な指標群を提案している。「理想を言えば、国家の SWB 指標群は、快い感情、不快な感情、人生満足度、充実感の他、ストレス、愛情、信頼、喜びなどの具体的な状態といった SWB のさまざまな構成要素を含むことになるだろう」（p.40）。

を払うことを推奨し、たとえば、良い生活に対する個人の見解の重要性と比例する場合にのみ感情の改善を求めることになるだろう◇15。しかし、満足厚生主義とは異なり、このアプローチでは、個人間の満足度を比較し、個人の満足度水準の何らかの総和を最大化しようと求める考えは否定される。満足厚生主義に対する自由主義アプローチの重要な反論は、おそらくは、満足厚生主義が「欲しいものを得ること」と「満足すること」の区別に失敗し、誤って前者ではなく後者に焦点を合わせてしまっているということであろう。満足するには三つの方法があり、欲しいものを手に入れるということはそのうちの一つにすぎない。人は「個人の願望水準を順応させる」ことや「個人の選好を順応させる」ことによっても満足することができるのである◇16。欲しいものが少なくなっても、人は願望水準を下げれば満足度が上がるという状況に移行できるとしよう。このとき、厚生主義アプローチはその変化に賛成し、自由主義アプローチはその変化に反対する◇17。

この点について二つの概念の異なる含意を示す好例が、「イースタリンのパラドックス」をめぐる解釈である◇18。

〔原注◇15〕自由主義アプローチでは、人々が時に誤った選択をしてしまうという考えを受け入れることができる。しかし、この見解からすれば、経験することになる感情を人々が正確に予想できないということが問題なのではない。実際、人々が快楽的効用に関する記憶や予測を体系的に歪めている場合には、快楽的効用を促進することの価値が損なわれていると主張することができるだろう（Hausman 2007）。むしろ日常環境における情報や熟慮の不足のせいで即時的な選好とより深い選好が一致しないことをこの間違いは反映しているのである。そのため、自由主義モデルはある種の柔らかなパターナリズムと両立可能である。このパターナリズムでは、人々がもつ深い選好の実像をよりよく表すと確信できるのであれば、社会厚生の計算において個人の選好を部分的に修正することが許される。

〔原注◇16〕ブライアン・バリー（Barry 2008）は、自分が望むものを手に入れる代わりに、あるがままの状態で満足しようとする個人を、最も勝ちそうなチームを応援するサッカー・ファンに例えている。しかし、それは一体どのようなサッカー・ファンなのであろうか。

〔原注◇17〕この議論はさらに掘り下げることができる。厚生主義者は反論にぐっとこらえて、現状に適応することは満足するための立派な方法であり、奨励されるべきものなのだと主張することもできよう。自由主義者はおそらく、必要最小限の物質主義を超えて自分の目標を高めることと、当たり障りのない願望をもつことには違いがあると反論するだろう。

　イースタリンのパラドックスとは、①一国が経済成長に伴って平均所得が上がっても、その国の幸福感の平均値が増加しないという現象（つまり、所得の絶対額の増加は幸福感の絶対量を増やさない）と、②一時点での幸福感の分布を見ると、所得が増加するに連れて幸福感が増加するという現象（つまり、一時点では所得の相対的な大小関係が個人の幸福感に影響を及ぼす）、の二つの現象が両立することを指したものである。

　たとえば、1960年時点で世帯年収400万円であった個人は周囲に比べて比較的裕福なことから幸福であるが、2020年時点で実質世帯年収が400万円である人は周囲に比べてあまり裕福ではないことからさして幸福ではないという現象が起きやすい。購買力の絶対水準が同じであったとしても、周囲の所得水準との関係性が幸福感にとって重要であるため、所得の絶対額が増えても幸福感の総量は増えないものと通常は解釈されている。

　厚生主義アプローチにとっては、このパラドックスは個人の意思決定が誤っていることを反映している。快楽的効用もしくは満足度のどちらで測るにしても、人々はSWBにほとんど影響をもたない物質的な成果を（訳注：誤って）求めてしまっているのである。自由主義アプローチにとっては、パラドックスはまったく存在しない。人々は、長い目で見れば、それが（快楽順応のために）快楽の経験を増やさず、（願望順応のために）人生の成功の評価をあまり改善せずとも、合理的に生活の物質的条件を改善したいと望むかもしれないのである。事前でも事後でも、人々はより高い生活水準を強く選好し、低い水準にとどまりたいとも、戻りたいとも望むことはないだろう。おそらく人々は物質的な経済成長からの主観的利益を過大評価しているのかもしれない。しかし、人々の意思決定があまりにも歪んでしまっているために、過大評価さえなければ、物質的な改善を求めな

〔原注◇18〕このパラドックスはリチャード・A・イースタリン（Easterlin 1974, 1995）が最初に提唱したもので、先進国において平均幸福度が横断面でも長期の面でも所得にあまり反応していないように見えるというものであった。より最近の整備されたデータでは、富裕国でも人生満足度の平均と一人当たり所得の対数値が同調しているように見えることから、横断面におけるパラドックスは無効だとされている（Deaton 2008, Stevenson and Wolfers 2008）。パラドックスの通時版については論争がある（前述の2つの文献に加えて、特にKrueger（2008）とClark, Frijters, and Shields（2008）を参照されたい）。

かったということはありえそうにもない。旅行できること、コミュニケーションを取れること、健康管理の向上のような物質的な成果に人々が価値を見出すとすれば、たとえ感情と満足度が安定的であることを完全に予見できたとしても、人々は依然としてより高い生活水準を強く選好することになるだろう。言い換えれば、このような（快楽や満足度の）安定性は、人々が生活の中身に関して明確な選好をもつことと両立可能なのである。これは Frederick and Loewenstein (1999) が順応に関する長い研究の末に出した結論である。

> 「今後の研究によって快楽順応についてもっと深い洞察が得られたと仮定しよう。そのような知識が人々を異なる生活に仕向ける可能性はあるだろうか。半身不随にも慣れるという保証があれば、人々はシートベルトを着用しなくなるだろうか。長い目で見れば刑務所に入るのもそう悪くはないと分かれば、人々は横領の機会を見逃さなくなるだろうか。たぶんそうはならないだろう（p.320）。」

また、隣人との比較や地位財に関連した経済成長の非効率性の分析◆4についても、二つの概念には若干の違いがある。厚生主義アプローチにとっては、より多く稼ごうとすることが、最終的には効用を減少させるラット・レース◆5の引き金となる場合、これは明らかに非効率である。自由主義アプローチにとっては、二つの現象が区別されなければならない。個人の選好が地位財と関係している場合、協調がないもとでは、社会はまさに囚人のジレンマの罠に陥ることにな

〔訳注◆4〕地位財とは「周囲との比較により満足感を得るもの」の総称であり、たとえば、消費者の社会的・経済的地位を示すブランド品や高級な家財・車のことを指す。見栄を張って、隣人や同僚よりも高い地位ないし同等の地位にあると見せるために高級品を消費し、その購入のためにより多くの所得を稼ごうと働きすぎると、結果的に人生の他の大事な側面を犠牲にし、本人の幸福度・満足度を低下させてしまうことが多い。地位財と非地位財に関する消費行動の行動経済学的な分析については、たとえば、ロバート・フランクの一般向けの著作物（『幸せとお金の経済学：平均以上でも落ちる人、平均以下でも生き残る人』（フランク 2017）など）を参照されたい。

〔訳注◆5〕過剰な出世競争のこと。高い地位を求めて他者と競い合い、過度に働きすぎることで、仕事以外の人生の大事な側面を犠牲にし、結果的に不幸になってしまう状況を指す。お互いに過度な競争をせずに、自分の時間を大事にして生きた方がより幸福に過ごせるという意味で、これは一種の囚人のジレンマ的状況にあると言える。

ってしまう。人々は相対的な地位を向上させるために、自身の快適さを犠牲にすることになるが、これは集団として無駄なことである◇19。しかしながら、このアプローチでは、願望水準が他者の成果に感化されるため、さらなる非効率は含まれない。というのも、効率性は個人の序数的な選好に基づいて評価されなければならず、願望によって変動する満足度の水準に基づいて評価されるものではないためである。

訳者メモ　　**願望によって変動する満足度の水準**

　満足度の水準のハードルが、他者の成果によって変わるとしよう。たとえば、近所の隣人が高級車に乗っているから、自分も高級車に乗らなければ人並みの満足感は得られないとする。実のところ、近所の隣人も自分も、高級車を買うために必死に働き、自分の健康や家族との関係性を犠牲にして、二人とも高級車を買わない場合よりも幸福感を減らしているのだが、序数的な選好に基づいて評価する分には非効率性はそれだけの話にすぎない。もし幸福感の数値にも差分や比率の意味があるという立場を採り、かつ幸福感を表現する関数形が隣人が高級車を買うか否かで変わる場合、両者とも高級車を買わない場合と、どちらか一方が高級車を買った場合で幸福の関数形自体も変わるという非効率性が新たに追加されることになる。

5.4　効用理論の革命？

　幸福研究の発展によって、明確に定義された効用関数（もしくは選好順序）に基づく福利の標準モデルを根本的に見直さなければならないかのように見えるかもしれない。この標準モデルにおいては、効用関数は私的消費と関連付けられており、とりわけ第1章から第3章にかけて検討してきた金銭尺度が推奨されている。SWBの多元性、快楽順応や満足度の順応、隣人との社会的な比較の重要性を思えば、もっとずっと複雑な図式が必要とされているように見える。逆説的なことに、この問いは幸福研究においては優勢ではない。多くの研究者は「効用」

〔原注◇19〕たとえば、所得税の労働意欲阻害効果は、地位財に対する無駄な競争への歯止めとして好意的に見ることができる（Layard 2005）。

の聖杯を探し続けてきて、近年の発展のおかげでその聖杯に近づくことができたと信じているようである。

実のところ、標準モデルに求められている変更は、見かけほどには劇的なものにはならないかもしれない。消費者選好の古典モデルを、個人が自分の人生に望むものを記述しているものと読み替えよう。選好の対象は、消費という狭いベクトルではなく、「機能」もしくは「潜在能力」（第6章参照）の包括的なベクトルになっていると仮定する。このような選好は、おそらく SWB の感情的な部分よりも、SWB の認知的な部分に対応するものであろう。このモデルにおいては、快楽的効用は選好の対象の一要素にすぎない[20]。快楽順応は、この快楽的効用の要素が比較的安定していて、生活ベクトルの他の成分の変化に対して耐性をもっていることを意味する。このことは、見かけ上の選好の変化を時おりもたらすことがあっても、選好順序において問題となるような不安定さがあることを意味するわけではない。たとえば、最初はある特定の活動を嫌っていたが、最終的にはとても楽しいことが分かったという場合、この活動は快楽的効用に対して異なる効果をもつようになるため、それを好きになるということがある。このことは、快楽的効用と他の次元の根底にある順序が安定していることと両立可能なのである。

満足度順応についても同じことが言えるかどうかはかなり曖昧である。願望水準の順応と、比較のための参照基準の順応は、選好順序の安定性と両立することが可能である。たとえば、さまざまな生活ベクトルに対するランキングは変わらずに、個人が豊かさに慣れたために、快適さや安全性にうるさくなったということは可能である。しかし、満足度順応には、序数的選好の方向性を調整するということも部分的には含まれているのかもしれない。最初は田舎好きだった人が、何年か街で過ごした後に都会好きになるということもある。このような選好の変化のほとんどは、嗜好の方向性の深い変化というよりも、学習によるものと解釈することができる。しかし、選好の真の変化であっても、古典的な選好モデルにとっては深刻な問題ではない。というのも、このモデルが順序の完全な安定性を要求していると解釈することは誇張にすぎないのである。貨幣単位の効用などの

〔原注◇20〕Becker and Rayo（2008）や Loewenstein and Ubel（2008）は、より客観的な変数に加えて、主観的幸福を効用の変数として考慮することを提案している。

福利の尺度があり、これは異なる選好を比較することが可能であることに留意されたい。

古典モデルにとって、幸福研究のなかでおそらく最も困難なところは、社会的な比較の重要性が解明されたことだろう◇21。伝統的な厚生経済学の大半は、個人が自分のために望んでいるものが大事なものだという前提のもとで成り立っており、人々が隣人に対して何を望んでいるかということは当惑させられる主題なのである。厚生経済学の多くのモデルは単純に、個人が利己的である（すなわち、自分のことだけを気にかける選好しか持たない）ことを仮定しており、今となっては極めて非現実的に思える形でこの問題を排除してきた。もう一つの可能性は、公平配分の理論の根底に暗黙の裡にあるものかもしれないが、個人の選好の利己的ではない部分は無関係であり、無視されるべきだと宣言してしまうことである。この宣言は社会的対立の問題から私的利益の問題をうまく分離できるため、非常に理に適ったものである。私的利益の問題については、消費者主権にしたがう形で、個人の選好が最良の指針となるべきである。社会的な対立の問題については、人々の偶発的な善意や悪意の感情よりも、もっと確固たる根拠に基づいて、別種の倫理的選好を構築しなければならない。この分離戦略の一つの問題は、個人の選好の利己的な部分が単独では明確に定義できず、他者の消費に実質的に依存してしまう可能性があるということである◆6。このような社会的影響のせいで、利己的な選好が古典的な厚生経済学にとって信頼できないものになるかどうかは未解決の問題だと考えられる。しかし、そのような路線をとる研究者はいないように見える。結局のところ、利己的な選好が全体の配分に強く依存していたとしても、それを個人の福利の尺度だと見なすことは依然として可能であ

〔原注◇21〕社会的な比較と相互に依存する選好の重要性は、Fehr and Schmidt（2003）やJoel Sobel（2005）で検討されている数多くの最近の実験行動経済学の文献における顕著な特徴でもある。この系譜の研究では、戦略的な相互作用を説明する上で、返報性と公平さへの配慮が重要であることが示されている。厚生経済学は個人の選好の実像を把握するために、これらの知見を是非とも活用すべきではあるが、ここで我々が検討している問題は異なるものである。それは、個人が他者や自分の相対的な地位を気にしている場合に、個人の状況をどのように評価し、比較すべきなのか、という問題である。

〔訳注◆6〕個人の選好が本人の消費バンドル上で定義されるのではなく、他者の消費バンドルを含む配分上で定義されるということ。この場合、個人の福利の尺度を定義することが非常に困難になる。

る。しかし、この場合においても、異なる選好を横断する個人の福利の尺度が必要になるだろう。そうでなければ、ある配分と別の配分との間で利己的な選好が異なっているため、ある個人が別の配分よりも良いか否かを言うことができなくなってしまう。さらに厄介なことに、選好の利己的な部分を明確にする作業自体が困難になる可能性がある。地位財や自分の相対的な地位に対する選好は、利己的な部分と社会的な部分とが不可逆的に結び付いているように見えるのである◇22。

結論として、最近の幸福研究の発展は、厚生経済学の古典的な効用モデルの全面的な解体・修繕作業を求めるものではなく、社会的な比較が個人の利己的な選好に及ぼす影響とその位置付けをより真剣に考察することを求めているように見える。

5.5 個人間比較と不平等

平均幸福度の最大化を提案する研究者は、個人間の不平等には関心がないようである。しかし、概念上は簡単に国民幸福量の定義のなかに不平等回避を導入することができる。Layard（2005）が提案しているように、幸福度が低く、より悲惨な個人に対して大きなウェイトを与えればよいのである◇23。

興味深いことは、5.3節で区別した二つのアプローチが、社会評価を目的とした個人間の比較をどのように扱うのか対比させることである。厚生主義アプローチは、経験的効用（快楽厚生主義）ないし満足度の水準という観点から人々を比較することを提唱している。快楽順応と願望順応の問題は、効用の不平等を有耶無耶にして、物質的な不平等からかけ離れたものにしてしまう可能性が高い。こ

〔原注◇22〕他者に配慮する選好の取り入れに厚生経済学が消極的であったということは功利主義的な観点からの誇張にすぎないだろう。功利主義はその加法的な構造ゆえに、利他主義者よりも利己主義者を自動的に優遇することになる。しかし、不平等回避的な基準を用いれば、他者に配慮する選好のもつ効果がそれほど強くなることはない。この点を例示するために、二人の経済主体から成るモデルを考えよう。利己的な経済主体の方の総効用は利己的効用 $U_1 = u_n$ に等しい。一方、もう一人は利他的な経済主体で、$U_2 = \alpha u_2 + (1-\alpha)u_1$ であり、$0 < \alpha < 1$ とする。両者の総効用 $U_1 = U_2$ が等しくなるには、$u_1 = u_2$ が求められる。

のアプローチで最も悲惨だとされる個人は、心理的な問題、重度の身体的苦痛、高望みの願望水準が調整されないことに苦しんでいる人々である。社会的地位・経済的地位とSWBの間に明白な相関が見られるとしても、必ずしも物質的に貧しい人々や社会的に抑圧された人々が最も不遇な個人にはならないのである◇24。

自由主義的なモデルは、おそらくは、生活の次元に関する各自の判断を考慮した何らかの指標によって人々を比較することを提唱している。たとえば、ロールズは、さまざまな基本財の重み付けをするために、最も不遇な集団における代表的個人の選好に依拠することを提案している。しかしながら、ロールズは、人々が自身の生活のなかで気にかけていることよりも、分配の評価においては、社会は資源と機会に焦点を絞るべきだと断言している。しかし、個人が良い生活について一貫した見解を形成することができる場合には、これらの見解によって評価の尺度を提供すべきとする、より突っ込んだ自由主義アプローチを想像することができるだろう。そのような超自由主義アプローチは、人々の価値観に依存する形でまったく異なる結果をもたらす可能性がある。もし人々が価値を置く生活の次元がある種の快楽的効用だけなのであれば、このアプローチは快楽的効用の観点からの個人間比較を提唱することになるだろう。このとき、超自由主義アプローチは、快楽厚生主義と一致することができる。もし人々が価値を置く生活の次元が資産だけなのであれば、資産を均等にすることが、個人間の生活の価値を均等化する方法になるだろう。一方、これが最もあり得そうな話ではあるが、もし人々が異なる価値観をもち、それゆえに、生活に関する異なる序数的なランキングをもつのであれば、これらの異なる評価を調停する方法を見つけ出さなければならない。これが次章で検討することになる指標化の問題である。

〔原注◇23〕Kahneman and Krueger（2006）が提唱した平均U指数は、より不幸な個人に自然に焦点が当てられているように思うかもしれない。というのも、不幸な個人は平均U指数により多くの影響を与え、自身の指数の方がより変動しやすいため、平均の変動にもより影響を及ぼすことになるかもしれないためである。しかし、ほとんどすべての個人が正の値のU指数をもつため（ある調査によると、人生に「非常に満足している」人は、平均して11%の時間を不快な状態で過ごしている）、全人口の平均U指数を単に計算するだけなら、より不幸な個人の苦境に特別な重みが与えられることはない。不幸な個人により重みを与えるためには、不平等回避的な社会指数が必要になるのである。

〔原注◇24〕このような関連性は、Krueger and Stone（2008）によって、身体的な痛みについても観察されている。

結論を言おう。GDP を国家の効用を示す単一の指標に置き換えるべきだという理念は、幸福研究の専門家の間でさえも合意を得られる状態からは程遠い状況にある。このことで幸福研究が無意味になるわけではないし、主観的指標のパネルデータは、生活条件に関するより客観的な指標を補完する貴重な情報を提供してくれることだろう。幸福研究には十分な根拠があるようには見えない規範的な結論が数多くあるため、最近の幸福研究と、自由主義と功利主義に関する先行研究との間のより良い関係が生まれることが望ましい。興味深いことに、幸福研究は自由主義的な概念にも有用であることが示されている。実際に、願望順応があるにもかかわらず、満足度データを巧みに利用したり、回答者が満足度という眼鏡を通さずに、より直接的に序数的選好を表現できるような新しい質問票を利用できれば、さまざまな生活次元に関する人々の選好と価値観の貴重な情報を提供できるようになるかもしれない（Clark and Oswald 2002, Schokkaert 2007a, Krueger 2008）◆7。

〔訳注◆7〕フローベイは本論文の発展版に該当する *Beyond GDP: Measuring Welfare and Assessing Sustainability*（Fleurbaey and Blanchet 2013）において、幸福感の認知的側面を捉えるために、質問の前に慎重な説明書き（ヴィネット）を添えることを推奨している。

潜在能力アプローチ

訳者による 第6章の概要

　本章では、センの潜在能力アプローチ（capability approach：CA）を議論する。CA は、財・資源や効用・幸福の次元の平等を求めず、潜在能力の平等に基づいて社会評価を行うべきだとするものである。資源や所得水準で個人の福利を評価すれば、個人の障害の有無の違いを無視することになる。同じ所得ないし資源があったとしても、障害のない個人に比べて、障害のある個人はバリアフリーのために追加的な資源を必要とするため、同じ生活水準にあるとは言えないのだ。また、効用や幸福度だけで個人の福利を評価しようとすれば、生活に常に不満を抱えている（たとえば、「タバコ・酒・交際費が足りない！　俺をもっと甘やかせ！」と言う）家父長主義的でモラハラを平然と行う無分別な夫と、家父長主義的な抑圧に慣れてしまい、夫に家計の大半を管理され、所有物のような扱いを受ける悲惨な境遇にもかかわらず、日々の暮らしのなかにささやかな幸せを見出すようになった貧しい妻の福利の比較において、夫の方が妻よりも福利が低いという逆説的な評価をしてしまう。そこで、センは個人の福利を評価する適切な指標として、個人が実際にできることや、なれる状態を表す「機能」と、選択可能な機能の集まりである「潜在能力集合」を使用することを提唱した。CA にしたがえば、同じ資源・所得を与えられていても障害のある個人は障害のない個人に比べて実現可能な選択肢が限られている状態を的確に捉えることができる上、不満を抱える夫よりも幸福感の高い妻の方が選択肢が少なく生活水準が低いという事実を適切に捉えることが可能となる。

　このように CA は柔軟で魅力的なアプローチではあるものの、実のところ、CA の応用分析の大半は、生活条件に関する社会学的な研究と大差のないものになってしまっている。意味のある CA の分析を行うためには、実証・規範分析において、以下の二つの課題を乗り越える必要がある。

　第一の課題は、機能と潜在能力の違いに由来するものである。機能（達成された成果）は観測が容易であるが、選択可能な機能の「集合」は推計が困難である。潜在能力集合に基づいて個人の福利を評価するのであれば、選択機会を推計することの困難さを解決しなければならない。また、選択の「自由」そのものを重視し、選択機会としての「潜在能力」を個人の福利と見なすことには、個人の選択結果に過度の責任を負わせることにもつながる。母親も父親も選択可能なキャリアの面では同じであったものの、「育児」によってどちらかの親のキャリアが犠牲にならざるを得ない場合、二人は同じ機会があったのだから同じ福利を得ていると言ってもよいのだろうか。このように選択の機会自体を適切に定式化することにも困難が伴う。したがって、潜在能力集合だけで個人の福利を評価するのではなく、「洗練さ

れた機能（実際に選択された機能と、潜在能力集合の組）で評価すべきことが今後の課題の一つである。

　第二の課題は、さまざまな生活次元をどのように評価して、福利の個人間比較を可能にする生活指標をどう作るのかという問題である。これは「指標化のジレンマ」問題として知られる。指標化のジレンマとは、以下の二つの条件を満たす福利の個人間比較の方法が矛盾するという問題である。

優位性原理：
　あらゆる生活次元においてＡさんがＢさんを上回るのであれば、ＡさんはＢさんよりも福利の水準が高い。

非パターナリズム性：
　Ａさんの福利の個人内比較においてはＡさんの評価がそのまま尊重される。

　これらの優位性原理と非パターナリズム性を満たす個人間比較のランキングには循環が生じることが容易に示せる（本文中の図2を参照）。このように福利の個人間比較を可能にする指標では、資源の客観的な大小関係を重視するか、個人内比較における主観的な評価を重視するか、どちらかの要請を重視してもう片方を諦める必要がある。非パターナリズム性を重視する場合、等価アプローチに基づいて福利の個人間比較を行うことが推奨される。反対に、優位性原理を重視する場合には、人々の選好を何らかの形で集計し、パターナリズム・卓越主義的な形（つまり、自分自身の生活水準の比較であっても、自分の好み・評価が反映されず、与えられた「生活指標の評価」に基づいて比較がされること）になるものの、一つの生活指標に基づいて福利の個人内・個人間比較を行うことが推奨される。いずれにしても、CAに基づいた分析を行うためには、福利の尺度を具体的に定めることが必要であり、その尺度を決めることには多くの課題が残されている。

潜在能力アプローチ（capability approach）は、代替指標の分野では重要な参照軸となっている。セン（1985, 1992）[1]によって開発されたこのアプローチは、しばしば資源主義アプローチと厚生主義アプローチの中間にあるものとして言及されるのだが、それ以上に一般的なものであることに言及した方が正確だろう。このアプローチにおける二つの重要な用語は「機能」と「潜在能力集合」であり、以下のように定義される。「機能」とは、消費バンドル、健康状態、教育水準などのように、個人の生活において、本人ができることや、その状態にあることを示す標語である。人生のどの時点においても、あるいはライフサイクル全体を通しても、個人の実際の状況は、機能ベクトルによって記述することができる。「潜在能力集合」とは、個人が選択すれば得ることのできる潜在的な機能ベクトルの集合である。機能が成果を表す一方で、潜在能力は機会を表す。センは、自由平等主義的な正義の理論を定義するための豊かさの尺度として、潜在能力を提案した。この提案はとりわけ多くの関心を集めている。というのも、比較において視野狭窄に陥っているとして批判される資源主義アプローチや快楽主義アプローチとは対照的に、潜在能力アプローチは人生におけるあらゆる重要な次元を考慮することを可能にしてくれるからである。

> **訳者メモ**　　**潜在能力アプローチ**
>
> 　潜在能力アプローチにおける機能と潜在能力の違い、概念、歴史的意義について、もう少し補足しよう。
>
> 　伝統的な経済学では、個人の福利を示す尺度は端的に効用もしくは保有する資源の量だけ計測可能だという立場を採ってきた。しかし、効用ないし幸福度で個人の福利を判定しようとするアプローチは前章でも再三出てきた順応の問題に直面することになる。日々の貧しさや差別的な待遇に慣れきってしまった「幸福な個人」は、物質的には恵まれた生活を送っているものの多くの不満を抱いている「不幸な個人」よりも「豊かだ」と判定されるべきではない。
>
> 　また、保有する資源や貨幣の量で個人の福利を判定しようとする資源アプローチは、個人が資源を用いて実際に何ができるのかという問題を無視することになる。たとえば、両足をまったく動かすことのできない身体障害者にとって、自転車という資源は何も与えてはくれない。しかし、障害のない健常者にとっての自

〔原注◇1〕このアプローチとその応用に関する最近の展望論文として、Basu and Lopez-Calva（2011）、Kuklys（2005）、Robeyns（2006）、Robeyns and van der Veen（2007）、Schokkaert（2007b）が挙げられる。

転車は、①自分が快適に速く移動する、②ものを楽に速く運べる、③サイクリングなどのレジャーの喜びを与えてくれる、という形でさまざまな便益をもたらしてくれる。自転車という資源を保有する「事実」だけを重視すれば、障害者も健常者も等しい生活水準にあると判断されてしまうが、その実態が異なるのは誰の目にも明らかであろう。

　センは、資源が実際に個人の生活のなかで可能にしてくれるさまざまな事柄・なりうる状態を「機能」と呼んだ。自転車の例における移動、運搬、サイクリングなどのように個人の機能は多岐にわたる。その上で、センは個人が資源を用いて実際に「選択可能な機能の集まり」を「潜在能力集合」と呼び、純粋な「機能」と区別した。機能と潜在能力集合の区別が重要であるのは、単なる飢餓（食料資源の不足によって栄養不良に苦しむ状態）と、政治的主張によるハンガー・ストライキ（食料資源は不足していないが、本人の政治的抗議のためにあえて栄養不良に苦しむ状態）を区別することができるためである。この他にも、物質的な豊かさの点では同水準の暮らしを送っているＡ国とＢ国があり、Ａ国では統制・監視状態のもとで国民の物質的な豊かさが達成され、Ｂ国では民主的・自由主義的な社会のもとで物質的な豊かさが達成されているとしよう。このとき、物質的な豊かさが与えてくれる機能だけに着目すると両国は同じ状態だと判断されるが、実質的な自由が多くある後者の方が望ましい状態にあると感じるのは普通の感覚であろう。

　このようにして、センは、従来の効用アプローチのもつ順応の問題や、資源アプローチのもつ個人の多様性を無視するという欠陥を回避し、さらに個人の選択の自由の重要性も評価に含められることから、潜在能力集合に基づいて個人の福利を判断した方が優れていると主張する。実際、潜在能力アプローチは従来型の個人の福利の判定方法に比べて、二つの点で大きな飛躍を遂げている。第一に、潜在能力アプローチは、個人の福利を実際に個人が選択した機能の結果ではなく、選択しうる機能の集合で判断しているという意味で、「帰結主義（物事の善悪をその物事がもたらす結果だけで判断する方式）」を超えた方法論である。第二に、潜在能力アプローチは、個人の福利を機能に対する個人の選好や選択された機能がもたらす効用水準では判断せず、あくまで達成可能な機能の集合で判断するという意味において、厚生主義（物事の善悪をその物事がもたらす効用水準で判断する方式）を超えた方法論である。上述した方法論上の優位性によって、潜在能力アプローチは厚生経済学における福利の判定方法の最も有力な候補として、経済学に留まらない多くの分野の研究者の関心を集めることになった。

6.1　応用に向けて

一般的なアプローチであるがゆえに（個人の人生において「できること」や「で

あること」ではないものとは何だろうか？）、独創的な応用を生み出すためには、そのアプローチが特定される必要がある。潜在能力アプローチから着想を得た一連の実証研究は、いまや膨大な数にのぼるが、Robeyns（2006）や Schokkaert（2007b）が指摘するように、これらの実証研究の多くは、用語法の違いを除けば、生活条件に関する社会学の研究と本質的に似たり寄ったりなのである。しかし、より独創的な応用例もある。たとえば、潜在能力を考慮した開発プログラムの評価が費用便益分析と対比されるもの（Alkire 2002）、障害者が負担する追加的な費用を考慮することで貧困率が補正されるもの（Kuklys 2005）、公平な社会がすべての市民に提供するべきものとして、基本的な潜在能力のリストを理論的に提示するもの（Nussbaum 2000）などがそうである。より一般には、個人や社会の状況の評価に生活の質の複数次元を取り入れることを求める研究のすべてが、広い意味でこのアプローチに属していると考えられる。

　実証的な応用には二つの中心的な問題がある。第一のものは、潜在能力と機能の区別に関するものである。後者の機能の方が観測は容易である。というのも、統計を取る者からすれば、個人が達成した成果の方が純粋な潜在的可能性よりも身近なためである。また、個人の状況の評価は、機会集合としての潜在能力だけに基づくべきなのか、あるいは達成された機能も同様に考慮に入れるべきなのか、という規範的問題もある。第二の中心的な問題は、ロールズの基本財の議論についても提起されている指標化の問題◆1である。機能と潜在能力にはたくさんの生活次元があり、そのすべての次元が等しい価値をもっているわけではない。適切な重み付けの体系を定義する作業には、社会選択理論の困難さに関連する問題があるように思われる。

6.2　指標化の問題

　この二つの問題は関連している。指標化の問題はしばしばジレンマとして述べられる。単一の指標を定義して、人生の多様な次元をすべての個人に対して一律のウェイトで加重する場合、そのウェイトが各人の自分自身の人生に関する価値

〔訳注◆1〕「the index problem」の訳。「indexing dilemma」とも呼ばれる。

観を尊重することはなく、この手順はパターナリズムや卓越主義のようになるだろう◆2。これに対して、人生の多様な次元の相対的な重要性について各人の見解を尊重しようとすれば、厚生主義の道を歩むことになり、結局は効用関数を使うことになると言えるだろう。このような観点から、機能ではなく潜在能力集合に着目することが解決策になると広く考えられている。潜在能力指標がすべての個人にとって同一の客観的な指標であったとしても、潜在能力はあくまで機会集合にすぎない。その集合の中から個人は自由に選択できるのだから、潜在能力指標を個人間で均等化しようとする社会は、依然としてリベラルな社会と見なすことができるのである◇2。

　もう一つの可能性は、センによって提案されたもので、厳密な数値指標を作るという計画を断念し、個人の順序の共通部分に基づいて個人の状況を評価する部分順序を作ることである。

訳者メモ　**部分順序**

　部分順序とは、推移性を満たすが、完備性は満たさない二項関係のことである。簡単に言ってしまうと、部分順序は、評価の際にどっちがいいのか比べることができない状況を許した評価の方式である。

　センはアローの不可能性定理の結果を回避するための一つの方策として、社会評価の方式において完備性を放棄すること（社会評価において比較できないケースを認めること）を以前から提案してきた。しかし、近年の研究では、完備性を放棄する必要はそれほど高くないと考えられるようになっている。たとえば、フローベイ流の等価所得アプローチでも、訳者によるコンセンサス・アプローチでも完備性を満たすことが可能である。さらに、この後で説明する指標化の問題は完備性がなくとも成立するため、完備性の放棄は指標化の問題の解決にはならないのである。

各個人は潜在能力集合や機能に対する明確な選好順序をもっていると仮定しよ

〔訳注◆2〕ここで言う「卓越主義」とは、個人の選好を一部尊重せず、社会的に与えられた評価に基づいて個人の福利を評価するということである。その結果、ある個人は自分の福利が高まったと評価しているにもかかわらず、社会的にはその個人の福利が低下したと判断される場合が生じてしまうことになる。

〔原注◇2〕少し異なる指標化の問題、すなわち、選好が非整合的、もしくは不安定な場合においても、Sugden（2004, 2007）は福利に関連する指標として機会を提唱している。

う。このとき、個人 i が個人 j よりも潜在能力もしくは機能の観点から良いと考えることができるのは、この判断が人口のすべての選好（もしくは適切な定義域におけるすべての選好）において共有されている場合である。ロールズもまた、基本財の観点から最も不遇な集団を特定するために、このような全員一致の判断を使うことの可能性を提起している。

　しかしながら、この「共通部分」アプローチは、逆説的な結果をもたらす[◇3]。個人の状況が潜在能力ないし機能の空間におけるベクトルで表現され、すべての合理的な選好は単調であるとしよう。この文脈のもとでは、共通部分アプローチは優位性原理を支持する理由となる。優位性原理は、すべての次元でより多くをもつ個人はより良い状況にあるという判断を求める。すべての単調な個人の選好はたしかにこの原理と合致する。しかし、個人の選好を尊重するもう一つの自然な方法は、とりわけパターナリズムを避けたいのであれば、ある個人が等価と見なしている二つの状況がこの個人に与えられるときには、両者は等価と見なされるべきだとすることである。結果的には、以下で説明するように、この二つの理念は矛盾する。指標化の問題は、形式的には、個人の状況 (x, i) 上の推移的だが必ずしも完備ではないランキング $\succsim$ を求めることだと言える。ここで、x を個人の機能ないし潜在能力のベクトル、i を個人の名前とする。ペア (x, i) は、個人 i が状況 x にいることを表す。$(x, i) \succsim (y, j)$ という表記は、状況 x における個人 i が状況 y における個人 j よりも少なくとも同じくらいに良いことを意味している。個人の選好も導入する必要があり、$x R_i y$ という表記は i の選好において、x は y よりも少なくとも同じくらいに良いということを意味している。一方、$x I_i y$ は無差別関係を示すものとする。個人の選好は単調増加であると仮定する。枠組みが定義されたことにより、この段落において先に導入した倫理的な要請を定式化することができる。「優位性原理（dominance principle）」は、すべての i, j、すべての x, y に対して、$x \gg y$ ならば $(x, i) > (y, j)$ となることを意味する。非パターナリズムの要求（nonpaternalism requirement）は、すべての i、すべての x, y に対して、$x I_i y$ ならば $(x, i) \sim (y, i)$ であることを意味する。さて、この二つの要求は、異なる選好をもつ個人が存在するときには必ず両立しない。というのも、ここで詳細に論じる必要のない非常に弱い仮定のもとで、$x \gg y$ かつ $z \gg w$

〔原注◇3〕たとえば、Brun and Tungodden（2004）を参照されたい。

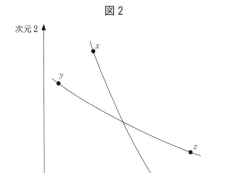

図 2

次元 2

次元 1

かつ xI_iw かつ yI_jz となる x, y, z, w と i, j を見つけることができるからである（図 2 を参照）。優位性原理によって、$(x, i) > (y, j)$ かつ $(z, j) > (w, i)$ である。しかし、非パターナリズムによって、$(x, i) \sim (w, i)$ かつ $(y, j) \sim (z, j)$ である。これは推移性に違反する。

　この事実は、二つの要求のうち一つを緩和しなければならないことを意味している。非パターナリズムを優先する場合であっても、非パターナリズムと両立するようにできるだけ優位性原理を維持しようとすることはできる。たとえば、制限付きの優位性原理は、少なくともある部分集合 $A \subseteq X$ においては、すべての i, j、すべての $x, y \in A$ に対して、$x \gg y$ ならば $(x, i) > (y, j)$ であることを規定する。通常の緩やかな条件のもとでは、この制限付きの優位性原理と非パターナリズムの組み合わせは、ランキング $\gtrsim$ が平等等価族でなければならないことを意味する◇4。特に、優位性原理が適用される部分集合 A は単調経路（増加曲線）でなければならず、個人間比較は以下のように行われる。すなわち、$(x, i) > (y, j)$ であることの必要十分条件は $a \geq b$ である。ただし、$a, b \in A$ は xI_ia かつ yI_jb となるように定義される。等価所得アプローチはこのようなランキングの一例であり、非所得次元における参照基準値と関連付けられた所得水準全体で定義される経路をもつ。この例が示すように、指標化の問題はいわゆるパターナリズ

〔原注◇4〕Fleurbaey（2007）を参照されたい。

ムと厚生主義の間のジレンマを意味するものではない。個人レベルの選好を尊重しながらも、厚生主義を回避することは可能なのである。

　優位性原理を代わりに優先し、パターナリズムをできるだけ避けようとする場合には、自然な解決策は、人々の選好を何らかの形でまとめた X 上の参照基準となる選好順序を選ぶことである◇5。

6.3　潜在能力か機能か？

　先行研究におけるもう一つの問題は、機能と潜在能力のどちらに焦点を当てるべきかということである。実証的な研究では、観察可能なため、ほぼ機能だけを排他的に扱っている。しかし、所得や健康のように多くの機能は、潜在能力（消費できることの可能性、移動できることの可能性など）を直接決めるものでもある。さらに、最近の研究では、個人が特定の事柄を行うことができると感じているか否かをアンケートで直接尋ねる可能性も検討されている◇6。

　観察可能性とは別個の話題として、個人間比較の適切な尺度は、成果と機会のどちらに対応するのかという規範的な問題がある。機会の尺度を正当化する根拠はいくつか提示されている。一つはすでに述べたように、厚生主義に陥ることなく個人の選好を尊重することの必要性である。しかし、平等等価アプローチのおかげで、望む限りにおいては、個人の選好を尊重する一方、成果に焦点を当てることが可能であることは見てきた通りである。

　センの研究において潜在能力に注目することを正当化している主な理由は、自由の重要性である。古典的な厚生経済学は、成果（所得、消費、効用）の測定に縛られ、選択の自由の重要性に鈍感であったという批判に対してはたしかにその責めを負うべきだろう。しかし、何人かの研究者が指摘するように、自由の重要性は潜在能力に対する配慮を正当化するものの、排他的に潜在能力だけに注目す

〔原注◇5〕Chakraborty（1996）はこの目的のために「平均的」な選好順序を計算することを提案している。Sprumont（2007）もこのような解決策を検討し、優位性原理に基づく公理的な基礎付けを与えている。

〔原注◇6〕たとえば、Anand, Hunter, and Smith（2005）を参照されたい。

ることまでは必ずしも正当化しない◇7。潜在能力と達成された機能の両方で個人の状況を記述し、機会と成果の相対的重要性に関する個人の評価によって重み付けされるような、より広い枠組みを考えることも可能なのである。これは、Sen（1992）が実際に提案した変種に近いものであり、「洗練された機能」という形で定式化される。すなわち、達成された機能ベクトルを、その元となる潜在能力集合の情報と組み合わせたものである。

　排他的に機会に注目するもう一つの正当化の理由は、個人の責任に基づく正義の理論から生じている。この理論にしたがえば、人々に適切な機会が与えられているもとでは、成功も失敗も個人がその責めを負うべきことになる◇8。このアプローチは敗者に厳しく、分配的正義の問題を自由意志の形而上学に巻き込むものであるとして、何人かの研究者が批判している◇9・◆3。また、ある個人が入手できる機会は、他者が達成するものに左右されることがあるため、社会的文脈においては機会が必ずしも明確にはならないことも指摘されてきた。たとえば、他の人々がある商品の在庫をすべて買い占めてしまった場合には、消費者はしばしば一時的な配給を受けることになる。成功した経歴をもつことができる可能性は、一見すると二人の親に開かれているように見えるが、実際のところは、少なくともどちらか一人が子どもの面倒を見なければならないことになる◇10。経済学の研究の系譜では、機会をどのように測定し、機会の不平等の尺度と同様に、機会の平等の妥当な基準をどのように定義するのか探求がなされてきた◇11。

　結論を言えば、潜在能力アプローチは、個人の状況の評価に関して多くの柔軟

〔原注◇7〕たとえば、リチャード・J・アーヌソン（Arneson 1998）を参照されたい。

〔原注◇8〕特に、Arneson（1989）と Cohen（1989）を参照されたい。

〔原注◇9〕たとえば、エリザベス・S・アンダーソン（Anderson 1999）を参照されたい。

〔訳注◆3〕選択の機会だけに着目すると、選択した結果が悪かったことは自己責任とされてしまうことにつながりやすい。いま、潜在能力集合が同じ二人の個人がいたとしよう。このとき、選択の違いから片方が豊かになり、もう一方が貧しくなる場合であっても、両者の福利の水準は「潜在能力集合が等しかったのだから同じ」ということになる。貧しくなった個人には豊かになれる選択の機会もあったのだから、どれほど選択の結果が悪くとも社会的に救済する必要はないという厳しい判定を与えることになりやすい。

〔原注◇10〕たとえば、Basu and Lopez-Calva（2011）を参照されたい。

〔原注◇11〕影響力のある研究には Roemer（1998）がある。この分野の最近の議論は、Fleur-baey（2008）に見出せる。

性を提供してくれるという利点がある。とりわけ機能を考慮することが正当だと考える場合には、なおさらそうである。この柔軟性の代償として、多くの研究者にとって厳密な測定方法を特定することが困難になってしまう。しかしながら、指標化の問題に進展をもたらすことは、応用面において大きな助けが得られるものと考えることができる。

結 語

社会厚生のより良い尺度をめぐる冒険の旅のなかで、私たちは今どこにいるのだろうか。本書の冒頭で紹介したGDPに代わる四つの選択肢について、私なりの結論を簡潔にまとめよう。

①「補正GDP」を計算するという考えはたしかに検討に値する。しかし、それは、非市場的要素の帰属価格を用いて、拡張された消費ベクトルの総価値を計算するということではない。というのも、そのような数値の多寡と社会厚生の間の関係には問題があるためである。とりわけグリーン会計は、精巧な理論に基づくものではあるものの、将来世代の厚生を直接予測する方法よりも実用的には優れたものにならないように見える。生活の質の非金銭的な側面を取り込むためのより有望なアプローチは等価所得である。等価所得のもとでは、現在の状況から参照基準の状況への移行に対する人々の支払許容額を反映する形で、所得を加算ないし減算することができる。しかしながら、「等価」アプローチに関連する他の指標や、公平性の理論の異なる立場から生じる指標の方法論に対しても門戸は開かれているべきだろう。

②「国民総幸福量」の理念は、SWBのさまざまな構成要素を分離した形でデータを作成すべきという考えに取って代わられているように見える。その際、満足度や幸福度の記述を集団間で比較することの難しさに格別の注意を払わなければならない。また、SWBの直接的な尺度は、人々がどれだけ豊かに暮らしているかではなく、どのように感じているかを反映しており、物質的・社会的条件を信頼のできる形で捉えられていないおそれがある。そのため、順応現象に対しても特別な注意が払われなければならない。

③「潜在能力アプローチ」は多くの興味深い展開を生み出してはいるが、指標化の問題に関する合意はまだ得られていない。この点における重要課題は、個人レベルでの選好や価値観を考慮することを試みるべきか否かということである。

④「合成指標」は他のアプローチに比べて劣っているように思われる。というのも、合成指標は、個人の状況の分配に基づいて社会状況を評価することを求めない上に、ウェイトを選択するための手がかりすらもほとんど提供していないためである。しかしながら、このような客観指標の大きな利点は、実

行することが比較的簡単であることと、人々の気まぐれな主観に耐性をもっていることである。本書で取り上げた個人主義アプローチに比べれば理論的には劣るものの、多くの国で個人の状況に関するデータがないせいで、より洗練されたアプローチを適用することに支障がある限りは、HDIのような社会指標は今後も価値を持ち続けるかもしれない。

続いて、より有望である三つのアプローチに焦点を当てることにしよう。最初に、今後の研究と応用への展望を検討する前に、三つのアプローチがお互いにどのように関連しているのかもう少し検討する。これらのアプローチを分け隔てるものは、個人の福利を社会厚生に集約する考え方の違いにあるわけではない。たしかに、等価アプローチと潜在能力アプローチの研究では強い不平等回避が主張される傾向にある一方で、SWBに関する研究ではしばしば平均値（平均満足度や平均 U 指数など）が提示される。しかし、これは表面的な違いであり、各アプローチで用いられている集計指標の幅を広げることで、この差は容易に縮めることができるのである◆1。三つのアプローチにおける重要な違いは「個人」の状況の評価と関係がある。この点において、各アプローチは自身のアプローチを他のアプローチよりも包括的なものとして記述することができる。たとえば、潜在能力アプローチは、主観的幸福を数ある他の機能のなかの一つとして捉えて、生活の次元のあらゆる評価に対して開かれていると主張することができる。等価アプローチも類似の立場をとることができ、加えて、さまざまな次元の相対的な重要性について各個人の評価に忠実になれることを前面に押し出すことができる。SWBアプローチは、他の二つのアプローチで測定され、重み付けられたあらゆる客観的な側面が満足や幸福を生み出すための投入要素にすぎず、自分たちは最終的な結果を測定しているのだと論じることができる。

簡単なモデルによって、これらの説明をまとめられるかもしれない。人生満足度の水準を関数 $S(H, F)$ で定義しよう。ただし、H は快楽の状態、F は残りの機能を表すものとする。SWBアプローチは、S や H、関連する尺度（U 指数など。これは大雑把に言って $H < 0$ となる時間の割合◇1）を測定しようとしている。等

〔訳注◆1〕たとえば、幸福度・満足度の分布を集計する際に、低い満足度ほど高いウェイトが付与される加重平均を用いてもよい。極端な形式としてはレキシミンを適用することも考えられよう。

価アプローチは、S 関数を調整された効用関数 $U(H, F)$ に変換する。この効用関数は、S と序数的に等価であるが、一部の機能（所得など）の単位によって測定され、それによって満足度順応の効果を排除している。潜在能力アプローチは、個人に提供されるベクトル (H, F) の機会を強調する。ただし、その機会の大きさを一つの指標でどのように測定するかについては極度の引っ込み思案のままである◆2。

　SWB アプローチと他の二つのアプローチの違いの根底にあるものは、二つの重要な学派間の古い対立である。一つは「厚生主義」アプローチで、快楽主義的な効用や満足を促進することに関心を寄せるものである。これは SWB を研究する多くの研究者の発想の源となってきた。もう一つは「自由主義」アプローチで、資源や機会の観点から推論を行い、人々に自分が価値を見出すものを与えようとするものである。これは潜在能力アプローチ同様に社会選択と公平配分の理論の多くを動機付けてきた。しかしながら、歩み寄る道筋を指摘することはできる。それはさまざまなアプローチにおける今後の研究の展望と進歩に関係するものである。順を追って見ていこう。

　SWB に関する限り、すでに大きな関心を集めている問題、すなわち、SWB と客観的成果の因果関係のメカニズムや順応の強さ（満足度順応と快楽順応）の問題については、確実に今後の発展が望めるだろう。ここで提案した分析によって、さらなる研究の方向性も示唆される。いまや幸福研究において感情と判断の違いが確立されている以上、両者を明確に区別したより良いデータを用いてその相互作用を解明する作業が残されている。2 段落前に導入した些細なモデルを使うのであれば、人々が生活全体に対して下す判断のなかで、快楽の状態に割り当てる相対的な重要性を推定する試みには意味があるだろう。もう一つの重要な問題は、個人の異質性である。SWB の決定要因に関する研究の大半は、満足度や

〔原注◇1〕これはネガティブな感情が優勢であった時間の割合であることを想起されたい。

〔訳注◆2〕潜在能力アプローチを称する指標のなかで有力なものの一つにアーカイア＝フォスターの多次元貧困指標がある。この指標は各次元の貧困線以下の充足率を凹変換して足し合わせたもので、一定数の次元で貧困線以下にある個人は貧困者として認定され、その平均充足率を個人の福利として算出する。現在、この指標では生活次元を、健康、教育、家財の状況の三要素で計測しており、国連開発計画や世銀などで作成・利用されている。詳細は章末の訳者コラム③を参照されたい。

幸福度のある種の平均関数に関心を寄せているが、興味深いのは、個人の多様性をより詳細に分析することである。この二つの問題は同じ目標を目指している。その目標とは、満足度の「水準」とは対照的に、S「関数」の人口集団における分布を推定することである。

　等価アプローチに関する限り、応用上の発展のためには同様のデータが求められることになる。すなわち、人口集団における（客観的な状況との共同の）選好の分布の推定が必要である。関連する問題として、個人の状況のさまざまな側面について、個人の選好がどのくらい（不）正確で、（非）一貫しているのか評価することがある。なお、個人の選好が不正確であることで、このアプローチの倫理的な魅力が必ずしも損なわれるわけではない。というのも、個人の選好のありうる範囲内で行った本人自身による状況の評価に対して、当の本人が異議を唱えることはしないだろう[2]。理論面では、「等価」集合や「等価」所得の計算に用いる参照基準の状況の選択における倫理的な基盤を解明することが、理論の発展のために求められている。また、公平配分の理論から、等価アプローチに代わる真剣な代替案が生まれる可能性もある。

　潜在能力アプローチに関する限り、前章においてすでに説明したように、指標化の問題が体系的な応用に対する重大な障害となっている。これは、理論的な問題でもあり、実証的な問題でもある。理論面では二つの学派が競合している。自由主義アプローチは、当該個人の価値観や選好を考慮に入れることを押し進める一方で、より卓越主義的なアプローチは、道徳的な配慮から得られたウェイトで満足することになるだろう[3]。自由主義アプローチは、各個人の選好を表す指標を使うことが厚生主義の受容につながることを恐れて、これまで選好指標の使用を真剣に検討したことがなかったように思われる。しかしながら、6.2節で分かったように、そのようなジレンマは存在しないし、一つの指標の方法論として、

〔原注◇2〕不合理性の多くの明白な形態は、不正確な選好や感情の（合理的な）管理——(H, F) の整合的なランキングによって説明されうる F の非整合的なランキング——に関連しているとも考えられるかもしれない。

〔原注◇3〕第三の見解は、潜在能力の一部の次元は同一の基準で測れるものではなく、一つの合成指標にまとめることはできないというものである。しかし、当事者が自身の生活のなかでそのような次元間のトレードオフを望んでいる場合には、この見解はいくぶん非自由主義的なものにも思われる。

等価アプローチが提供できるのである。

　このとき、歩み寄る道筋を以下のように説明できる。最初に、すべてのアプローチが個人の選好や価値観の分布の理解をより深めようとする実証的な研究課題に共に関心をもつことになる。潜在能力アプローチが、各個人の自分自身の状況に対する見解の尊重を求めることによって、指標化の問題を解決することを受け入れる場合◇4、等価アプローチを啓発する研究系統との違いは、大なり小なり消え去ることになる。SWB アプローチが、快楽の状態は個人の満足度判断における生活の重要な要素の中の一側面にすぎないということを受け入れ、個人の状況を完全に評価するために最終的には満足度判断の方がより重要であるということを受け入れるならば、他の二つのアプローチとの間に残る唯一の差は、満足度順応の処理ということになる。SWB アプローチが順応の効果を除去しようとする方向に発展するならば、他の二つのアプローチとの差は大幅に縮められることになるかもしれない。

　理論の完全な収れんはすぐには起こりそうにもない。先に述べた学派（厚生主義、リベラリズム、卓越主義）は、現代の文化と公的な議論において突出しており、長い間、併存することになるだろう。おそらくは、福利の唯一の合意された尺度が現れるという幻想を捨てて、経済学者に、それぞれの学派に由来するGDP の代替案について厳密に考えさせ、各々についての具体案を開発する作業を任せた方が意味があるように思う。これまで見てきたように、そのような展開が進行中である。GDP を超えた本格的な代替案は、もうすぐ、そこまで来ているのである。

〔原注◇4〕機会と成果のどちらが重要かという問題も個人の評価に委ねることを含めるのであれば、これは決して小さなステップではない。

訳者コラム③　アーカイア＝フォスター多次元貧困指標

　潜在能力アプローチを称する指標のなかで有力なものの一つに、オックスフォード大学のサビーナ・アーカイアとジョージ・ワシントン大学のジェームズ・フォスターが提唱したアーカイア＝フォスター多次元貧困指標（multidimensional poverty index：MPI）がある。

　人間開発指数（HDI）が各国の豊かさの達成状態を把握しようとしているのに対して、多次元貧困指標は各国の貧困状態の把握を目的として作成される。一般に、貧困は単なる「所得の欠乏」だけではなく、生活の豊かさを構成する多様な側面の欠乏によっても生じる。たとえば、中間層や富裕層の出身であっても、差別の根深い地域では、女性というだけで教育・就労の機会が大きく制限されることが珍しくない。この女性が中間層や富裕層の男性と結婚し、かりに家計の所得水準が高かったとしても、人生の選択機会が大きく制限されており、教育・就労面で欠乏していることは疑いようのない事実である。低所得は貧困における非常に重要な要素の一つ（多くの人にはおそらく最大の要素）であるが、貧困や欠乏の実態のすべてではないのである。

　アーカイアが中心となって作成しているグローバル多次元貧困指標は、生活の多様な側面を、健康（栄養状態、乳幼児死亡率）、教育（教育年数、出席状況）、生活水準（家庭用調理燃料の質、世帯専用のトイレの有無、飲料水の質、電気設備の有無、住宅の質、家財の保有状況）の３次元（10の指標で構成される）で計測し、各指標の欠乏率を計算する。その上で各指標の欠乏率の加重平均を求めることで個人・地域・国家の貧困状態を把握する。

　このグローバル多次元貧困指標に基づいて、毎年、オックスフォード貧困・人間開発イニシアティブ（Oxford Poverty and Human Development Initiative：OPHI）と国連開発計画（UNDP）は、100か国超の中進国・途上国を対象とした貧困動態分析を実施し、報告書にまとめて公刊している。以下では、2022年版の報告書で得られた主要な知見を紹介し、一人当たり所得の低い途上国が中所得国より深刻な貧困問題を必ずしも抱えているわけではないことを確認しよう。

・分析対象の111か国全体で、総人口の19.1％に当たる12億人が深刻な多次元貧困の状態にあり、その半数（５億9300万人）は18歳未満の子どもである。

- 貧困層の最も多い地域は、サハラ以南のアフリカ（5億7900万人）で、次いで南アジア（3億8500万人）である。これは南アジア地域の力強い経済発展の結果を反映している（注：アーカイアがMPIによる貧困実態調査プロジェクトを始めた当初、多次元貧困の最も多い地域は南アジアであった）。
- 貧困層の83%（9億6400万人）が農村部に住み、17%（1億9800万人）が都市部に住んでいる。
- 貧困層の2/3は中所得国に住んでいる。
- 貧困層の半数（5億1800万人）は、貧困スコアが50%超の深刻な状態にある。
- 貧困層の1/6は女性が世帯主である。
- 時系列データが入手可能な81か国（総人口50億人）のうち、72か国ではMPI値が統計的に有意に減少した。26か国では、10の指標すべてで減少が見られた。
- 時系列データが入手可能な81か国のうち、半数の40か国では、子どもの貧困に減少が見られないか、子どものMPI値の減少が大人よりも緩慢であった。
- いくつかの国では当初最貧地域であったところが全国平均よりも早く貧困を減らすことに成功している。たとえば、ホンジュラスのレンピラ県とインティブカ県、インドのビハール州、ジャールカンド州、ウッタルプラデシュ州である。
- 多次元貧困で最も多いパターン（貧困全体の3.9%、4550万人）は、栄養状態、調理用燃料、トイレの有無、住宅の質という4つの指標における欠乏である。このパターンの貧困は南アジア地域に多い。
- 世界全体では410万人が10の指標すべてにおいて欠乏している。

出典：OPHI and UNDP（2022）をもとに訳者作成

　なお、多次元貧困指標の厳密な定義と、国連開発計画で用いられているグローバルMPIの実践的な手続きと計算方法の双方を字数の限られたコラムのなかで手短かつ一般向けに解説することは訳者の力量を超えている。厳密な議論に関心のある読者は、OPHI and UNDP（2022）、Alkire et al.（2015）を参照されたい。

訳者解説

本書は、GDP に代わる社会厚生の尺度の理論的基礎と、代替指標のもつ問題点を網羅的に検討した2009年の総説論文 "Beyond GDP: The Quest for a Measure of Social Welfare"（*Journal of Economic Literature, 47*（4）: 1029-1075, 2009）の邦訳である[1]。本論文を執筆したマーク・フローベイは、現在、フランスのパリ・スクール・オブ・エコノミクスの教授を務めており、2022年にはこの分野の国際学会である Social Choice and Welfare の学会長にも選出された規範経済学分野の世界的リーダーの一人である[2]。フローベイは規範経済学の研究で最も著名なノーベル賞学者アマルティア・センの理論分析を正当に受け継ぎ、発展させてきた重要人物の一人である。本書が初の邦訳書となることもあり、日本国内での知名度はまだ低いものの、フランス国内は元より国際的にも名を知られた突出した経済学者の一人である。本書の邦訳がきっかけとなって、日本においてもフローベイの重要な知的貢献が広く知られることになれば訳者として望外の喜びである。

　本書の概要は、訳者が各章の冒頭でまとめており、技術的な内容についても本文の訳注および訳者メモで説明しているため、本書の中身についてこれ以上論じることはしない。その代わりに、訳者解説では本書に関連する研究・歴史的背景およびその後の理論的な展開について補足することで、規範経済学およびその関連分野に関心をもつ読者諸賢の学習の手引きとなることを目指す。

1）本論文を執筆した後、フローベイは続編の専門書（Fleurbaey and Blanchet 2013）を刊行している。本書を読んでさらなる関心をもたれた読者は参照されたい。

2）フローベイの名前が国際的に知られるようになったきっかけは、著名な哲学者ロナルド・ドゥオーキンの倫理的主張「個人の責任が問える形で生じた不遇・格差は補償せず、個人の責任が問えない形で生じた不遇・格差には社会的な補償を行うべきとする主張」を数理モデルによって厳密に検証したことにある。フローベイは、個人の責任を問える要素（努力・労働時間・高価な嗜好など）と個人の責任を問えない要素（生育環境、健康状態、生まれつきの才能など）を分離し、責任を問える要素に起因する所得や効用上の個人間の格差は認めつつ、責任を問えない要素に起因する格差は可能な限り是正するという分配的正義の方法論がもつ理論的な整合性の問題を考察した。分析の結果、非責任要因に対する格差の補償をしつつ、責任が問える要因については格差を認めて自然に任すという分配の方法は存在しないことが証明された。フローベイはこの結果を受けて、等価所得アプローチに基づく格差是正の分配を修正案として提唱しており、「奇しくも」というよりも、フローベイの長年にわたる理論的探究の必然的な結果として、本論文に見られる等価所得アプローチ活用の提言があるように見える。この系譜の研究に関心のある読者は、専門書ではあるものの、Fleurbaey（2008）、Fleurbaey and Maniquet（2011）を熟読することをお勧めする。

1　規範経済学の存在意義

　最初に、なぜ規範経済学を研究することが重要であるのか、その存在意義について解説しよう。ここで言う「規範経済学」とは、従来型の厚生経済学（ピグー流の旧厚生経済学、補償テスト、サミュエルソン＝バーグソン社会厚生関数、費用便益分析などの新および新・新厚生経済学）に加えて、社会選択理論、無羨望としての公平性と平等等価概念に基づく公平性を主柱とする公平配分の理論、不平等・貧困指標の研究、20世紀を代表する哲学者ジョン・ロールズ以降の分配的正義をめぐる倫理学的研究、数理マルクス経済学者として著名なジョン・ローマーがけん引してきた機会の平等や分配的正義をめぐる数理分析、アマルティア・センが提唱・主導してきた潜在能力アプローチ、規範意識や幸福感を実験的に検証・分析する行動経済学・実験経済学・ゲーム理論・心理学・神経科学・数理生物学・動物行動学の諸研究を含んだ総合社会科学の名称である[3]。この分野の主要な研究関心は、①望ましい社会とは何か、②社会的な望ましさを評価するための合理的な枠組み・方法論はどんなものになるか、③望ましい集団的意思決定の方法はどんなものになるか、④人々の規範意識はどのように形成されるか、などのものになる。アローの不可能性定理やセンのリベラル・パラドックスなどの不可能性定理ばかりが注目されがちで、望ましい社会的評価の方法について具体的なものを提示できていないという一般的な不満から、この分野に対する外野からの評判は芳しいものではないように思う[4]。

　実際、この分野の研究ポストは欧米圏の主要大学において削減傾向にあり、それに代わって経済学のリソースがマーケット・デザイン理論や政策効果をめぐる

　3）研究者によって規範経済学の含む分野の認識に大いに違いがあるだろう。特に、心理学や生物学分野の分析対象・研究成果までも規範経済学の範疇に含めるべきか大いに意見が分かれるところであるものと思う。しかしながら、行動経済学の知見に基づいて厚生経済学を再構築しようとする「行動厚生経済学」の誕生や、進化心理学、実験哲学の諸研究にも見られるように、生物学的基盤の観点から規範分析を再構築する作業は急速に進んでおり、望ましい社会評価の問題を考察する上で無視すべきではない知見が続々と生み出されている。規範経済学の大きな飛躍のためにも総合学際分野としてその門戸は大きく開かれるべきであるように思う。

実証分析に割かれるようになっている。もちろん、マーケット・デザインなどの人気のある分野が実用性の観点から重要であることは言うまでもない。更なる研究が追求され、社会システムの改善のために役立つ知見が得られることで人類の福音が得られることは疑いようのない事実である。その一方で、これらの研究だけでは人類の福利（社会全体の望ましさ）を良くすることには必ずしもつながらない。「社会の望ましさ」自体が何であるのか別途追求することは必要かつ重要な課題であるし、その問題を考えずして社会システムのデザインを考えることはディストピアを作ることにすらなりかねない[5]。以下では規範経済学の意義と重要性を示す例をマッチング理論と政策評価の文脈において示そう。

1.1 マッチング理論における公平な優先順位の構築

　マッチング理論は、マーケット・デザイン理論の主要な研究領域であり、市場での売り買いが倫理的もしくは物理的に困難な取引対象の割り当て問題（たとえば、腎臓病患者のドナー交換、公立学校の入学枠の割当、飛行場滑走路の空き枠の再割当など）を考察する研究分野である。この理論では、個人の選好を固定し

4）社会選択理論は俗に「不可能性の科学」と揶揄されるように、昔から経済学業界での評判があまり良くなかった。たとえば、アマルティア・センの主著『集団的選択と社会厚生：拡大版』（邦訳近刊）では、センが駆け出し時代に講師として着任したケンブリッジ大学での失敗談が紹介されている。若きアマルティア・センはケンブリッジ大学の授業科目のなかに「社会選択理論」を組み込もうとしたが、教授陣の賛同を得られず失敗する。ケンブリッジ大学側のぎりぎりの譲歩案として「厚生経済学」の講義の一部で社会選択理論を教えることが認められたそうである。また、センの1998年のノーベル経済学賞の受賞に対して辛らつなコメントを発する人々が少なからずいたことは、格差や社会正義について論じることが多くの人々の政治感覚と世界観を大変刺激することに一因があるのだろう（トーマス・カリアー 2012）。

5）近代経済学の父とされるアダム・スミスや、その師でもあり友人でもあったデビッド・ヒュームが哲学者であったように、近代経済学の誕生時点から規範の問題は経済学の主要な関心事であった。アダム・スミスが『道徳感情論』（スミス 2014）において、拡張された共感と第三者的視点に立つ公平な観察者の議論を重視していたことを経済学者は忘れるべきではないだろう。しかし、ライオネル・ロビンズによる批判以降、いわゆる「主流派の経済学」は、公平さ、正義、規範に関する理論と研究関心を大きく制限する方向に舵を切ったように見える。

たもとで、安定的な配分（提携による離脱が生じない配分。誰も再交渉によって利益を得ることができず、取引対象をこれ以上効率的に利用することができない配分）を上手に実現するメカニズムの構築を目指す[6]。

　たとえば、致命的な感染症の予防効果をもつワクチン接種の配分問題を考えよう。接種希望者は接種会場と接種できる日時に自分の要望をもっている。一方、接種希望者のなかには特段の事情のない普通の人々よりもワクチン接種が優先されるべき人々がいる。感染による死亡・重症化の確率が高い人々、同一世帯のなかに高リスク者を抱える人々、感染回避が優先される職種（医療・介護系の職種、人手不足が許されない警察・消防などの職種）の人々、等しい死亡確率をもつのであればより余命延伸効果が高いと期待できる人々などは、特段の事情のない人々よりもワクチン接種が優先されるべきだろう。このとき、ワクチン接種会場および接種日時の配分の望ましい割当方法は、接種者の優先順位を作成した上で「受入保留方式」を使うものになる（Pathak et al. 2021）。紙幅の都合、受入保留方式のアルゴリズムと理論的性質に関する説明は省くが、この方式に基づく割当の結果は、優先順位の高い人ほど自分の希望する接種会場・日時を確保しやすく、優先順位の低い人が自分に割り当てられた接種枠を優先順位の高い人の割当枠と交換してもらおうとしても交換が成立しない安定的な結果になる。

　この割り当て方式において重要な役割を果たすのがワクチン接種の優先順位であり、優先順位の高い個人ほどワクチン接種予約において優遇されることになる。ワクチンの公共性と喫緊性が高く、数量制約などが厳しくなるほど、この優先順位をどのように決めるべきか社会的意思決定の重要性が高まる。誰もが納得できるような公平な優先順位は果たしてどのような基準を満たすべきだろうか、ワクチン接種における公平な優先順位を構築するという問題が規範経済学の分析対象になる。

6）マッチング理論の一般向けの入門書としては、坂井（2013）が優れている。安定配分を実現するためには、お互いに選好をもつヒトとヒトのマッチング（二部マッチング）の場合には「受入保留方式」、選好をもたないモノと選好をもつヒトのマッチング（配分マッチング）の場合には「トップ・トレーディング・サイクル方式」を使えばよいことが知られている。その後のマッチング理論は、個別のマッチングの事情・文脈に合わせて上記の割り当て方式を適宜修正したり、安定配分が存在しない場合にはそれに準ずるような配分を割り当てる方式を開発する方向で発展している。

1.2 政策評価で得られた結果の評価

　政策評価は「評価」という名前こそつくものの、「規範的な評価」を行うものではない。政策評価で行っていることは、「分析対象となる政策介入にどのくらいの因果効果があるのか定量的に把握する」というものである。たとえば、寄生虫の被害が大きい途上国の小学校において、児童に虫下しを飲ますことが児童の健康、出席日数、学業成績にどのような効果をもつのか検証したいとしよう。よく知られているように、きちんとデザインされたランダム化比較試験を実施さえすれば、虫下しが児童の健康、出席日数、学業成績にもたらす因果効果を推定することができる。ランダム化比較試験ができないような環境のもとであっても、その他の準実験的な計量手法を用いることで、さまざまな政策の因果効果を推定できる場合がある。

　このような政策介入の効果を推定する研究には暗黙の前提がある。それは「ある種の政策介入がもたらす結果は社会的に望ましいものであるべきだ」という価値観である。そもそも社会的に望ましい効果を期待できないような政策の因果効果の推定には研究上の価値がほとんどない。それどころか、そのような研究には倫理上の問題があるとさえ言えるかもしれない（たとえば、独裁者が自分の権力を維持するために、反対派を弾圧できる政策の因果効果を推定することは科学の悪用に他ならない）。一般に、社会的により望ましい効果の期待できる政策評価の研究に希少な研究資源をより多く配分すべきである。このとき、「社会的に望ましい効果の期待できる」という価値判断はどのように行えばよいのだろうか。また、政策評価によって教育の費用対効果の高い介入と、健康の費用対効果の高い介入が明らかになったとき、限りのある予算と資源をどちらの政策にどのくらい振り分けるべきなのであろうか。ここに社会的な望ましさをめぐる規範経済学研究の意義が存在する。

1.3 マクナマラの間違い

　以上のように、規範経済学の使命の一つには「社会的な望ましさを評価する」という問題があり、これはさまざまな研究領域の基本前提にかかわる重要な課題だと言える。しかしながら、「評価する」ということの営みは必然的に多種多様

な問題を引き起こすことになる[7]。本節の最後に、GDP を社会目標と見なすことに付随する「マクナマラの間違い（マクナマラの誤謬）」と呼ばれる問題を取り上げることにしよう。

マクナマラの間違いとは、「定量化・測定しやすい変数だけを見て、他の測定しづらい重要な要素が無視されることで、望ましくない結果に陥ること」である[8]。この用語はベトナム戦争時のマクナマラ国防長官の逸話から生まれた。「歩く IBM コンピューター」の異名をもつ頭脳明晰なマクナマラ国防長官（当時）は、東西冷戦の犠牲となったベトナム戦争において、敵と味方の死者数の比を主要な指標にして戦局を定量的に分析・把握し、注目する指標には現れることのない他の要因（たとえば、自軍と敵軍の士気、ベトナム側の戦死者数に含まれる民

7）たとえば、評価指標を作ることには「グッドハートの法則」と呼ばれる問題が生じやすいことが知られている。グッドハートの法則とは「ある指標を目標・評価基準にすると、その指標自体が機能しなくなる」というものである。ある指標を目標に設定すると本末転倒な行動が誘発されてしまうという話は経済学ではおなじみのものであろう（経済学者や大学院生は、遂行可能性、耐戦略性、誘因両立制約、ルーカス批判の話を想起されたい）。GDP の成長を社会目標に据えてしまうと、さまざまな目的で GDP 統計を操作しようと考える政治家や実務担当者が出てくることがある。たとえば、ソビエト連邦（ソ連）の 5 か年計画に見られる「驚異的な経済成長」は、スターリンによる非人道的な強制労働の犠牲と品質を無視した生産活動のもとで成し遂げられたと考えられている。夜景の衛星写真を用いた都市活動の解析分析によって、中国の地方担当者が出世のために担当地区の GDP を過剰報告したがること（Cai et al.（2022）や、独裁・強権的な国家のもとで GDP 統計が無視できない水準で過大に報告されていることが明らかになった（Martínez 2022）。さらに、国際金融機関から優遇条件付きの融資を受けるために、アフリカ諸国が意図的に GDP が低くなるように、購買力平価と GDP の調整を行っていた疑いももたれている（コイル 2015）。このような事態をできるだけ防ぐためには、統計局に強い独立性を持たせるだけではなく、GDP の算定基礎となるデータと推計・計算方式を公開し、第三者がいつでも追試可能な環境を作った方がよいだろう。グッドハートの法則は、評価指標に伴う不正操作や不適切な行動の問題の困難さを教えてくれる。評価にまつわるさまざまな問題に関心のある読者は、ミュラー（2019）も参照されたい。

8）マクナマラの間違いは評価の試み全般に見られる普遍的な課題である。たとえば、営利企業の経営者や株主は企業の経済活動をどのように評価すればよいだろうか。当期の利潤率だけを見ていても、長期的な企業の成長、社会・地域共同体への貢献、企業内外の人々からの尊敬・信頼・承認に伴う安定的な経営基盤が得られるというわけではない。その意味において、企業評価も一部の定量尺度だけで判断してしまうと、さまざまな側面を捨象することにつながり、大局を見失う事態に発展しかねない。

間人の犠牲者数、アメリカでの反戦活動の高まり、ベトナム国民の反米感情の高まりと米軍に対する潜在的な敵対・非協力行動、個別の地理的要素とゲリラ戦略の小規模だが効果的な抵抗など）を無視する戦術を採った。その結果、主要な指標を見る限りではアメリカ軍がベトナム軍に勝利していたはずなのに、世界最強の軍事国家アメリカが東アジアの小国ベトナムに敗北するという屈辱的な結果に終わることになる。

　目に見える・統計を取りやすい少数の指標だけに着目して、その他の計測しづらい諸要因を軽視してしまうと、視野狭窄に陥り、望ましい結果からかけ離れた本末転倒な事態になってしまうことがある。GDPも国家の一定期間の生産力を測る尺度にすぎず、社会的な望ましさを構成するさまざまな要素を捨象していることは言うまでもない。GDPの成長を社会目標に据えて、GDPの増減だけを気にかけていると、全体の生産性向上のために、自然環境の持続可能性、機会の衡平性、分配の衡平性、人々の自由と権利、心身の健康などの社会厚生を構成する重要な諸要素を無視する極端な経済成長を推進することになりかねない。実際、1980年代以降の英米圏の経済情勢を振り返ると、技術革新や経済成長のためには社会保障や初等・中等教育の底上げをおろそかにしても構わないという考えがあったように見える。GDPの増加（＝経済成長）を社会目標とすることで、経済成長ばかりが優先され、人々の健康や教育へのアクセスが脅かされるという意味で「マクナマラの間違い」が生じることがあるのだ[9]。

2　GDPの問題点

　前節で触れたように、「マクナマラの間違い」の典型例がGDPを社会目標と見なすことである。GDPの前進である国民総生産（GNP）は、アメリカの国力、景気動向、産業間の不均衡の把握に必要な情報を得るための生産の尺度として、

9）分配の衡平性と経済成長の関係性は1990年代以降、理論・実証分析の両面から活発に研究がなされてきた。現在では、「再分配のやり方」次第で経済成長と分配の衡平性を両立することができると研究者は考えるようになっている。詳細はRoemer and Trannoy（2016）を参照されたい。

大恐慌の破滅的な影響が色濃い1930年代に開発されたものである[10]。GNP 統計の生みの親であるサイモン・クズネッツが正しく警告したように、成立当初から国民総生産を社会厚生や経済の望ましさの尺度として使うべきではないことは再三繰り返されてきた[11]。そうであったにもかかわらず、その単純さゆえに政策担当者や一部の経済学者によって国民総生産は景気動向や国力を示す尺度以上の役割を担わされることになる。国民総生産という「一国の一定期間の生産力を示す経済指標」の一つにすぎないものが「社会の目標」に置き換えられて、社会厚生にとって重要な諸情報は実際の政策形成過程ではたびたび無視されることになったのである。

　GNP および GDP（GNP も GDP もどちらも同じ欠点を有するため、以下では単純に GDP のみを記載する）を社会厚生の尺度として使うことに対する古典的な批判は表 2 にまとめたように五つある。以下で各々の欠陥を説明しよう。

2.1　GDP の欠陥その 1：望ましい活動や効果の無視

　第一の GDP の欠陥は、「望ましい活動・効果」を無視することである。有名な例は市場取引されない「家庭内生産（無償の家事・育児労働）」、「余暇」、「環境の質」の無視である[12]。これらの望ましい活動を無視して、「休暇のほとんどない長時間労働や、都市部への出稼ぎ労働のせいで子どもとほとんど触れ合う機会のない状況」のもとで、「市場取引される生産物が増えたこと」を「望ましい社会になった」と解釈する人はほとんどいないだろう。また、中進国・途上国経

---

10) 国民経済計算システムの歴史については、ダイアン・コイル『GDP：小さくて大きな数字の歴史』（コイル 2015）を一読されたい。経済統計の歴史自体はウィリアム・ペティ以降の経済学の歴史と密接な関係をもっている。関心のある読者は経済学の歴史自体を学ばれたい。

11) クズネッツ自身は以下のように述べている。

　しかし、後者（訳注：経済厚生の測定）の場合、表面的な数字や市場価値の総和の奥にあるものまで知りたい人には、さらなる困難が示唆されることになるだろう。所得の個人レベルの分布が分からない限り、経済厚生を適切に測定することはできない。また、所得の測定は、所得の裏側にあるもの、すなわち、所得を稼ごうとする頑張り具合や労働の不快さを推定するものではない。したがって、一国の厚生は、上記のような国民所得の測定からはほとんど推測することができないのである。（Kuznets 1934, p.6）

表2　GDP に対する古典的な批判・問題点

1. 望ましい活動・効果の無視
非公式経済（家事・育児などの家庭内生産、自家生産の消費、社会的に有用なボランティア活動、無害に近い無届商売）、余暇、社会的なつながり、環境の質、治安の良さなどを無視する。
弊害：人間の福利の重要な構成要素の無視
2. 望ましくない活動の勘定
金融危機のリスクを高めるような金融取引の経費、訴訟費用、軍需産業の支出、心身の健康破壊や環境破壊を伴う経済活動などを勘定する。
弊害：持続可能性、公害、人々の健康、社会関係資本の棄損の無視
3. 分配面の無視
単なる総和・平均の尺度のため、経済格差の拡大を無視する。
弊害：格差に伴う弊害（健康格差、機会の不平等の悪化など）の無視
4. ストックの無視
戦争や災害による資本破壊、過剰利用に伴う自然資本棄損を無視する。
弊害：経済厚生の誤ったシグナル、持続可能性の無視
5. 国際比較・異時点間比較の困難性
異なる社会システム、文化、選好体系のもとでの国際比較が困難、財・サービスの質と多様性の向上（エアコン・計算機・携帯電話の経済価値、コンテンツ産業の拡大・多様化と価格低下、その他の無形資産の経済価値も含む）の経済的評価が困難。
弊害：国際比較、異時点間比較の適正性が不明瞭

出典：訳者作成

済ではしばしば農家による自家消費や、政府に無届のほとんど無害な商売（無届の屋台・露天商取引など）が GDP に計上されなかったことで実態以上に国力が低いように見られてきた（現在では、その一部を推計するようになっている）。もちろん、「治安の良さ」や国民の「健康水準」も大問題である。一人当たりGDP こそ高いものの、銃社会、武器輸出大国、訴訟大国、肥満大国、先進国随一の経済格差（格差無視の問題は後で触れる）、世界一高い医療費という大きな

12）家事・育児労働を市場で取引する場合、無視できないほどの経済的価値をもつものになるが、一般に「家事・育児の質と量」の計測が困難であるという理由から無視することになっている。だが、標準的な家計調査のなかに家事・育児の労働時間と質の項目を含めて、データに基づいて平均的な家事・育児の経済価値を推計することは可能であろう。

闇を抱えるアメリカでの暮らしが、日本での暮らしよりも本当に良いと言えるのか大いに疑問が残る。

2.2　GDP の欠陥その 2 ：望ましくない活動や効果の計上

　第二の GDP の欠陥は、望ましくない活動や効果を国民経済計算のなかに計上してしまうところである。GDP の生みの親であるサイモン・クズネッツ自身も軍事費などを経済厚生の尺度に含めることに否定的であったが、現在の GDP 統計には軍事関連支出どころか、社会の調和がうまく取れていないことを間接的に示す訴訟費用も、金融危機の可能性を高めるような金融取引の諸経費も含まれている[13]。この他、心身の健康を脅かすような諸活動（環境破壊・公害・事故を伴う経済活動）の経済的価値も含まれるため、GDP は持続可能性への懸念や、人々の健康（人的・社会資本の棄損）の価値を正当に評価することができない。もちろん、GDP の擁護者たちは一人当たり GDP の高い国では、環境の質、健康水準、治安が良いと反論し、望ましい活動の無視や望ましくない活動の計上の欠陥を小さな問題として受け取る傾向にある。しかし、同じ先進国であっても、国民の健康水準や一人当たりの自然環境には差があるため、GDP に「生産力を示す尺度」以上の役割を与えるのはふさわしくないように見える。

2.3　GDP の欠陥その 3 ：分配面の無視

　第三の GDP の欠陥は、分配面の無視である。本論文においても社会厚生を総生産量と分配の貢献分で分解したように、GDP を社会厚生の尺度や政策目標とすることには分配面の無視という問題を必然的に伴うことになる。言うまでもな

---

13) クズネッツは以下のように述べている。

　　強欲な社会ではなく洗練された社会の哲学的見地からは、本当に価値のある国民所得の推定値は、利益ではなく害をもたらす要素を総和から差し引いたものになるだろう。そのような推定値は、現在の国民所得の総和から、軍事支出のすべて、広告費の大部分、金融および投機に関する支出の大半を差し引くことになる。おそらく最も大事なことは、諸々の困難を解消する上で必要となる支出、正しく言えば、私たちの経済文明に内在する費用を差し引くことだろう。（Kuznets 1937, p.37）

く、GDP は単なる総和にすぎず、一人当たり GDP は単なる平均の尺度にすぎない。GDP が順調に成長する経済であっても、所得・資産格差が拡大し、さまざまな社会問題（教育格差・親の資産格差に伴う機会の不平等、所得・資産・情報・社会的つながりの差に伴う健康格差）が生じるような状況では諸手を挙げて社会厚生が高まったと宣言できるだろうか。

2.4　GDP の欠陥その 4：ストックの無視

第四の GDP の欠陥は、ストックの無視である。GDP はあくまで一定期間の経済活動の価値を計測するフローの尺度であるため、当然のこととしてストックを見る指標にはなっていない。しかし、ストックの情報を無視するのであれば、社会厚生の大事な側面を見失っていると言わざるを得ない。たとえば、戦争や災害の後の復興特需は経済成長を押し上げるが、そのことで経済や社会が以前よりも良い状態にあるとは言えない（この場合、破壊後の非常に悪い状態から単に回復傾向にあると言えるだけである）。同様に、再生可能資源が過剰利用のせいで持続可能性を失ったとしても、現在の生産・消費水準さえ高ければ、GDP の判断では経済状態は良いと判断されてしまうことになる。明らかに、一時点での生産水準だけで世代をまたぐ社会厚生の評価はできないため、物的資本・人的資本・自然環境資本といったストックの情報を社会厚生の判断の基礎に組み込むべきなのである。

2.5　GDP の欠陥その 5：国際比較・異時点間比較の困難性

第五の GDP の欠陥は、GDP の国際比較や異時点間比較が困難なことである。GDP の国際比較を行う際の標準的な手続きでは、同じ品質の商品を同じ量購入するには世界中のどの国でも同じ金額がかかるという前提（一物一価の法則）を用いることになっている。最初に、「標準的な財・サービスの消費の組」を設定し、その消費の組を購入する金額が各国で等しくなるように、通貨の交換比率である為替相場を調整する。その為替相場を用いて GDP を同一の貨幣単位に置き換えて、各国の GDP を比較する。しかし、人々の生活習慣や好み、貿易財にかかる関税や輸送費、自然環境の質、公共インフラの提供する快適さ、国内のさま

ざまな集団間の対立状況と治安の問題、公的医療保険や住宅補助を含む社会保障制度は国によって大いに異なるため、取引される商品・サービスの種類も質も量も（さらに言えば、生活の質も）大いに異なる。無理やり「標準的な財・サービスの消費の組」を設定して価格体系と為替相場を調整した「一人当たり GDP」を国際比較することにどれほどの意味があるだろうか。ましてやその値を社会厚生の水準として国際比較してよいのか大いに疑問が残るだろう。

　異時点間の比較でよく知られる問題は、GDP は「財・サービスの質の向上と多様性の拡大」をうまく反映できないことである。言うまでもなく、100年前にはパソコンもスマホもエアコンもネットもなかった。パソコンの性能は数年ごとに飛躍的な進歩を遂げているが、1950年代の高価な大型演算機の性能よりもはるかに高性能かつ多機能な超小型・薄型のスマホが今では安価に大量生産・利用されている。エアコンはかつての王侯貴族が召し使いに団扇で仰がれ、天然氷をほおばる夏よりもはるかに快適な居住環境を私たちに与えてくれている。情報通信産業およびコンテンツ配信産業の発展は、かつての王侯貴族が道化・役者・舞踏家・音楽家・画家・学者の集団を召し抱えるよりもはるかに多くの娯楽と知識獲得の機会を私たちに安価に提供してくれた。これらの技術革新がもたらす経済的価値はいくらになるのだろう。パソコンの性能向上やオンライン・ビジネスの発展の影響は今や至るところに見出すことができるが、これらのものが提供するサービスの価格は下落し続けているため、その経済的価値は GDP のなかにはほとんど表れてこない。これは一般に「生産性のパズル」と呼ばれる現象で、「長期停滞論」、「GAFAM 脅威論」、「第四次産業革命による失業・経済格差拡大の危機論」も含めて多種多様な議論を巻き起こしている[14]。

14）これらの議論に関心のある読者は以下の書籍を参考にされたい。ロバート・ゴードン『アメリカ経済：成長の終焉 上・下』（ゴードン 2018）、スコット・ギャロウェイ『the four GAFA：四騎士が創り変えた世界』（ギャロウェイ 2018）、エリック・ブリニョルフソン、アンドリュー・マカフィー『機械との競争』（ブリニョルフソン・マカフィー 2013）。

3 補正 GDP アプローチと合成指標アプローチの出現

　GDP の諸問題を改善する上で、最初に思いつく最も単純なアプローチは、社会にとって望ましくない活動の経済的価値を GDP から差し引き、望ましい活動の経済的価値を GDP に加えて補正するという方法だ。実際、多くの研究者がこの種の GDP への補正を試みて、多種多様な指標を今も量産し続けている。しかし、これらの補正 GDP 指標の多くは確固たる理論的根拠をもっておらず、これらの指標が何を意味するのか、なぜその指標を使うべきであるのかまったく不明である。さらに、この種の代替指標が多すぎるということ自体も「情報過多」という別種の問題を生み出している。

　補正 GDP による代替指標の作成の歴史自体はそれほど古いものではない。1960年代から70年代にかけて、環境問題への意識が高まり、エネルギー枯渇の危機を訴えたローマ・クラブの有名な報告書『成長の限界』、公民権運動、ベトナム反戦活動などを通じて、人々のもつ未来への危機感と人権意識が大いに高まり、従来の GDP を社会目標とする評価方式を改良しようとする機運が高まった。最初の転換点は著名な経済学者であるノードハウスとトービンによる経済厚生指標（Measure of Economic Welfare：MEW）の開発である。この指標は GDP の投入物・中間投入物・最終財の分類区分を見直し、社会にとって望ましい活動の経済価値を足して、望ましくない活動の経済価値を差し引くという修正を施したものである。その後の補正 GDP アプローチのすべてが類似の方法を採っているという意味において、ノードハウスとトービンによる MEW は補正 GDP アプローチの草分け的存在になった。ほどなくして、ハーバード大学の経済学者マーティン・ワイツマンがこの種の補正 GDP アプローチに理論的根拠を与える。彼は、無限に生きる代表的個人の消費の現在割引価値の最大化問題を考え、国民純生産（NNP）が等価消費の現在割引価値（＝異時点間モデルでの持続可能な社会厚生の値）に等しくなることを証明した。ワイツマンの与えた理論的な証明により、GDP に資本ストックの経済的価値の増減を足し合わせた国民純生産を「持続可能な消費水準の最大値」として解釈することが可能になったのである。社会厚生関数の形状にしても各世代の効用の取り扱いにしても非常に制約的な仮定のもとではあるが、ともかく社会厚生の尺度として NNP に理論的な根拠が与えられた

のである[15]。

　補正 GDP では、社会にとって望ましいものや望ましくないものを無理やり貨幣単位に変換して、その経済的価値を GDP に切り貼りする。そのような複雑怪奇な処置を施す必要のないはるかに単純なアプローチもある。測定単位の異なる「社会にとって望ましいもの（平均寿命、教育年数、一人当たり所得など）」を適宜加工し、ウェイト付けて足し合わせるという合成指標アプローチである[16]。合成指標アプローチの歴史もそれほど古いものではないが、異なる源流・目的のもとで発展してきたという意味では指標自体の単純さとは裏腹に複雑な歴史をもっていると言えるかもしれない[17]。現在のアプローチに直接かかわる源流に目を向けると、1950年代から1960年代にかけて、戦後の経済復興・開発支援の必要性、貧困評価における非金銭的側面の重要性の認識、物質的な豊かさに対する反発、環境・貧困・人権問題への意識の高まりから、国連、OECD、アメリカを中心に、福利を構成する重要な生活次元の選定とそれらの測定・評価の方法に関する研究が進められた。1970年代にはすべての人々が満たされるべき重要かつ基本的な福利の構成要素として、最低限度の衣食住、健康状態、公衆衛生、教育水準、雇用、医療へのアクセスを重視する「人間の基本ニーズ（basic human needs）」アプローチが流行する。基本ニーズの概念を体現するものとして、平均余命、乳

---

15) 持続可能性の定義（＝将来世代が現役世代と同等以上の消費水準を享受できること）はノードハウスとトービンによって1973年に与えられたが、社会・政治の場で持続可能性が大きく関心をもたれるようになったのは1987年のブルントラント報告書による貢献が大きいだろう。実際、1980年代以降の地球規模の環境問題への意識の高まりは、補正 GDP アプローチをグリーン GDP に発展させ、合成指標アプローチの環境面を強化した指標を大量に生み出すことにつながった。

16) ここでの「社会指標」は「合成指標」ないし「複合指標」と呼ばれるものと同じものである。合成指標と類似したアプローチではあるが、貧困層のみを対象にした社会評価の方法に多次元貧困指標アプローチがある。一般に、多次元貧困指標では、所得、住宅の質、健康状態、教育水準などの複数の異なる要素に貧困線を設定し、各要素の貧困線に充たない比率（不足率）をウェイト付けて足し合わせるという作業を行う。多次元貧困指標アプローチにおいても、各要素の貧困線とウェイトを設定する必要があり、説得的に貧困線やウェイトを決める理論がないところには課題が残されている。多次元貧困指標の代表的なものはアーカイア＝フォスターの多次元貧困指標であり、関心のある読者は Alkire et al.（2015）を参照されたい。また、関連する現代のさまざまな代表的な評価の手法については Adler and Fleurbaey（2018）が参考になる。

幼児死亡率、識字率の加工値の平均を取る「物質的な生活の質指標」なども提唱された[18]。まったく異なる次元のものを適宜加工して、無理やりウェイト付けて足し合わせるという合成指標アプローチはその後も類似指標を生み出し、1990年、国際的に大きな影響力をもつことになる「人間開発指数」に結実する[19]。

　これらの代替指標をめぐる議論で大事なポイントは、補正GDPアプローチにせよ合成指標アプローチにせよ、たくさんの代替指標が提唱されてきた割に、すべての指標が大きな問題を抱えており、GDPに取って代わる説得的な指標には

---

17) 合成指標研究の端緒をどこにするかは論者によって分かれるだろう。それゆえ、ここではこれ以上この問題に立ち入ることはしない。代替指標を推進しようとした人々のそもそもの研究関心が貧困動態と国家の健全性を多面的に計測・把握するという点にあったということを考えると、経済統計や貧困実態調査の歴史そのものが代替指標の歴史と言えるかもしれない。余談になるが、1954年の国連の報告書『生活標準および生活水準の国際的定義と計測』（国際連合 1960）では、生活水準の多面性と国際比較の困難性が明確に意識されており、複数の指標を組み合わせて比較すべきとするダッシュボード・アプローチの萌芽が1950年代には存在していたことが分かる。1960年代の日本の厚生白書は同報告書の影響を強く受けており、多面的に生活水準を捉えようとしていた日本の官僚の格闘の痕跡が見られる。その熱意が下地となって1973年の日本版の補正GDPである「新しい福祉指標」に結実したのかもしれない。

18) 1960年代後半、OECDは合成指標アプローチのなかで、現在の多次元貧困指標や「より良い暮らしの指標群」につながるような複数の指標群を作成していたことに注意されたい。しかし、これらのアプローチの前提にあったのは、金銭的な要素も非金銭的な要素も含めて、個人の保有する客観的な資源を見れば個人の福利を計測できるという「資源主義」の考えである。この種の資源主義的アプローチに対して、アマルティア・センは、「客観的な資源の保有状況」や「個人の満足度・幸福感」だけでは人々の福利を計測できないことを説得的に論じ、個人の福利を「個人が実際になしうること、なりうる状態の幅の大きさ」で評価する潜在能力アプローチを提唱した。センは人々の福利を示す潜在能力の尺度は、個人や共同体が重視する機能が異なることから、熟議に基づく公共的な価値判断によって尺度を作成すべきという立場を採っている。人間開発指数は潜在能力アプローチを体現する指標と見なされることもあるが、センの理論的立場からは、人間開発指数が潜在能力アプローチを体現する尺度とはならないことに注意されたい。その後も合成指標に基づく尺度は数多く提唱されたが、そのすべてを把握することは困難であるし、あまり実りの多い作業だとは思えないため、紙幅の都合で割愛することにしよう。

19) この歴史的背景の説明には、紙幅の都合、指標をめぐる政治的駆け引きの議論が欠落していることに注意されたい。貧困の概念、貧困と格差の評価、現代にいたるまでの開発政策の流れ、国際機関の情勢・動向を扱った網羅的な歴史の説明は、マーティン・ラヴァリオン『貧困の経済学 上・下』（ラヴァリオン 2018）が参考になる。

なれなかったということである。具体的には、これらのアプローチは、①理論的根拠がそもそもないか、もしくは強すぎる仮定のもとで理論的根拠がようやく得られるものにすぎない、②補正GDPは経済的価値の推計が難しいものを無理やり詰め込もうとするため、最終的な集計値の誤差が大きくなる、③補正GDPアプローチに用いる資本ストックの経済的価値の計算には将来の行動や価格の予測困難性という問題があるため、持続可能性の尺度としての適格性に疑問符が付く、④補正GDPおよび合成指標アプローチに基づく代替指標の多くにおいて分配の公平性が無視されている（あるいは分配の公平性を無視しない場合であっても、社会厚生関数を恣意的に特定化するなどの形で強い仮定を課して処理することが多い）、⑤合成指標アプローチは各要素のウェイトが恣意的で、そもそも測定単位の異なるさまざまな要素を無理やり詰め込むため、指標の意味するものが不明になる、⑥合成指標の計算の基礎となる尺度のなかにはアウトカムではなくインプットやアウトプットを計測しているだけのものもあり、そもそも望ましい比較尺度になっていない、といった問題を抱えている。さらに、補正GDP・合成指標アプローチが隆盛したことで、代替指標が少なくて困るというより代替指標が過剰に氾濫し[20]、どの指標を社会評価に用いるべきなのか分からないという情報過多の問題までも生じている。どれも似たり寄ったりの指標なのであれば、どれでもいいと投げやりに言うこともできるかもしれない。しかし、指標の値に違いがある、もしくは値に違いを出せる場合には、利害関係者は自分の利害や価値観にとって都合のよい評価尺度を使いたがるか、自分が望む結果を出してくれる尺度を恣意的に作成・推奨するようになるだろう。

---

20) 歴史的には、代替指標の研究は1970年代にいったん下火になったように見える。1970年代の石油危機によって経済成長が何よりも優先されたことがその背景にあるかもしれない。また、ノードハウスらの研究において、GDPと補正GDPの趨勢が基本的には同じであることが強調され、あえて代替指標を計測する必要はないと結論付けられたことの影響もあったかもしれない。一方、環境意識の高まりは衰えることを知らず、1980年代にはブルントラント報告書の影響のもとで環境GDPや環境に配慮した合成指標の開発が流行する。2000年代以降は、英米圏に見られる中間層の没落と格差拡大の弊害（機会の不平等による教育格差と階層の固定化、絶望死・健康格差）が広く認識されるようになり、代替指標の研究が再び活性化することになった。

4 スティグリッツ委員会報告とOECDより良い暮らしの指標へ

GDPは第2節で説明したように、作成当初からあくまで「一国の限定的な総生産力を示す尺度」であり、社会厚生の尺度にはなりえないことが指摘・理解されていた。それにもかかわらず、GDPのトレンドと他の非金銭的な生活の質（健康水準、教育水準、環境の質など）のトレンドが同じであるという主張もあって、政策担当者や一部の経済学者はGDPを社会厚生の尺度ないし自分たちの政策の正当性を示す尺度（つまり、「経済成長したから私の政策は正しいのだ！」と言うための尺度）として利用し続けた。1970年代以降、環境・貧困問題への関心と人権意識の高まりを通じて、補正GDPアプローチや合成指標アプローチに基づく代替尺度が大量に提唱・開発されることになったが、その多くは理論的根拠が薄弱であり、社会厚生の尺度としてそれを使わなければならないという必然性に欠けていた（もちろん、GDPも社会厚生尺度としての理論的根拠や適格性はないことは強調に値する）。重要な転機が訪れたのは2008年の金融危機（いわゆるリーマン・ショック）である。2008年の金融危機とそれに続く欧州危機の経験から、GDP至上主義を見直そうとする機運が再度高まり、フランスのサルコジ大統領（当時）がいわゆる「スティグリッツ委員会」を招集し、同委員会にGDPに代わる社会厚生の尺度の開発を依頼した。

この委員会のなかには本書を執筆したマーク・フローベイも加わっており、委員会報告書の作成に貢献した。2009年に公表された同委員会の報告書は従来から言われてきたGDPの問題点を再検証し、理論と実務上の課題について12の提言にまとめた（表3を参照）。これらの提言の内容を見る限り、以下の5つの内容にコンパクトにまとめられるだろう。

4.1 ダッシュボード・アプローチの提唱

異なる単位の福利の構成要素を無理やり集計した単独の指標で社会評価を行っても有益な結果は得られない。たとえば、持続可能性を評価することと、現在の福利の水準を評価することは別種の問題であり、無理に単独の指標に落とし込もうとせずに、別々に表示した上で包括的に判断した方が有益な結果が得られ

表3　スティグリッツ委員会による12の提言

提言 1. 物質的な福利を評価するには、生産よりも所得と消費を見よ。
GDP は単なる生産の尺度（1 年の間に生産された財・サービスの経済価値の合計）にすぎない。人々の生活水準の豊かさは消費や所得に依存するため、生産ではなく所得や消費を評価した方がよい。
提言 2. 家計の視点を重視せよ。
人々の生活の豊かさは「総生産」では何も分からない。実際に、家計の実質所得の成長率は実質 GDP の成長率よりも低い傾向にある。公共サービスからの受益分や住宅ローンの支払いなども考慮に入れた家計レベルでの純消費や純所得を評価した方がよい。
提言 3. 所得と消費は資産と合わせて考察せよ。
資産を取り崩すことは未来の消費を犠牲にした上で現在の消費を豊かにすることに他ならない。物的・自然・人的資本の残量（ストックの情報）を組み入れた評価手法の開発が求められる。
提言 4. 所得、消費、資産の分配をもっと重視せよ。
平均や中央値では分布の情報は十分には分からない。たとえば、平均所得が上がったものの、富裕層だけが利益を得て、残り全員は損をするという事態も起こる。最低値と最高値の比率など、分布に関する情報をもっと考慮すべきである。また、所得だけでなく、消費、資産の分布も併せて活用すべきである。
提言 5. 所得の尺度を非市場活動にまで広げよ。
育児・家事を保育・家事代行サービスで行うようになると GDP は増えるが、それだけで生活が豊かになったとは言えない。また、消費水準が等しくとも、余暇が増えていれば生活水準は豊かになったと言える。生活の豊かさを見るためには、市場化されていない商品・サービスも考慮する必要がある。福利の構成要素として、経済的富裕さ、幸福感の他に、健康、教育、社会的つながり、自然環境、経済的安定性なども取り入れるべきである。
提言 6. 生活の質は、人々の客観的な状況と潜在能力に依存する。人々の健康、教育、個人的な活動、自然環境の状態などの尺度を改善するための措置が求められる。特に、社会的つながり、政治的発言力、不安定さなどに関する生活満足度を予測できる頑健かつ信頼性の高い尺度の開発と遂行に大いに努力が払われるべきである。
潜在能力アプローチで考慮すべき機能のリストの選択は技術的な問題というより価値判断に属する問題である。しかし、健康、教育、仕事、住宅、政治参加、社会的つながり、自然環境、個人・経済の安定が重要だという点では合意が得られている。これらのデータの収集方法および指標の改善に努めるべきである。
提言 7. 対象となるすべての次元の生活の質指標は、包括的な方法で格差を評価すべきである。
生活の質を構成する多様な要素に生じる格差を、貧困の世代間連鎖の問題（貧困層の子どもは長じて貧困層になる確率が高い）や、複数の要素の累積した剥奪（健康

水準の悪い個人は失業しやすく、所得が低く、治安の悪い地域に住み、社会参加できない確率が高い）も含めた形で評価すべきである。

提言 8. 各人のさまざまな生活の質の領域間の関連性を評価するために調査を行うべきである。この情報はさまざまな分野の政策設計に用いられるべきである。

複数の不利な条件をもつことが個人の生活の質に及ぼす効果は、個別の効果の総和を大きく超えることが予想される。累積した剥奪効果や個別の効果の測定には、専門調査を通じて、個人の生活のさまざまな次元の「結合分布」の情報を得て検討する必要がある。

提言 9. 統計部局は、異なる指数の構築が可能となるように、集計に必要とされる生活の質の諸々の次元の情報を提供すべきである。

生活の豊かさの評価を行うために、幸福感に基づく指標、HDI などの複合指標、等価所得指標などの複数の異なる尺度を活用すべきである。政府はこれらの尺度の計算に必要となる情報を収集・提供する必要がある。

提言 10. 客観的な福利および主観的な福利（主観的幸福感）の測定は、人々の生活の質に関する重要な情報を提供することになる。統計部局は、世帯調査に、人々の生活評価、快楽的経験、優先事項を把握するための質問項目を組み入れるべきである。

小規模な学術研究で有効性が証明されている質問項目を公的な大規模調査にも含めるべきである。政府は主観的幸福感の信頼できるデータを収集すべきである。

提言 11. 持続可能性の評価には、よく吟味された一連の指標から成るダッシュボード（計器盤）が求められる。この計器盤の構成要素がもつ特徴は、いくつかの基本的なストックの変動という形で解釈できるべきである。持続可能性の金銭指標はこの計器盤のなかに自分の居場所をもってもよいが、現在の研究水準を考えれば、持続可能性の経済面に焦点を当てただけのものにとどまるべきである。

持続可能性は、福利尺度と混ぜ合わせて評価してはならず、別個の指標によって評価される必要がある。車の運転において、現在の時速とガソリン残量を足し合わせた合成指標が運転手に何の意味も与えないのと同様である。持続可能性を評価する上では、自然・物的・人的資本量の増減を直接評価することが重要であり、金銭指標に基づく一元的な経済評価だけに依存すべきではない。

提言 12. 持続可能性の環境面は、選び抜かれた一連の物的指標に基づく独立した追跡調査に値する。特に、危険な水準の環境破壊（気候変動や漁業資源の枯渇など）に近づいていることを明確に示せる指標が求められている。

自然環境の金銭的価値を計算することは困難であり、不可逆的で致命的なおそれのある環境の状態を評価するには、自然科学部門と連携して別途物理的な指標を設定する必要がある。

出典：Stiglitz, Sen, and Fitoussi（2009）に、訳者による補足説明を加筆

る。自動車の運転手にとって、ガソリン残量と現在の車速は別々に表示されていた方が役に立つ。もし二つのデータを無理に合成して一つの指標にまとめてしまうと、車の運転にとって有益な情報が何も得られなくなってしまう。自動車の運転の場合と同じように、重要な情報を示す複数の指標群を掲載したダッシュボードを見ることで社会評価すべきなのである。

4.2　福利の物質的基盤と非金銭的基盤の重要性

　GDP は一国の一定期間における生産力の尺度にすぎないため、社会厚生を測る上では不適切である。実際、経済成長率に比べて家計の実質消費水準の成長率は低い傾向にあるため、社会厚生を判断する上では、生産の経済的価値よりも家計の保有する所得・資産と消費状況に着目した方がよい。しかし、家計の所得・消費・資産といった金銭的な要素以外にも個人の福利には無視すべきではない大事な構成要素がたくさんある。したがって、金銭的・物質的な福利の構成要素の他に、非金銭的な構成要素も加えた上で、包括的に社会評価すべきである。現時点で重要性が認められ、福利の構成要素として多くの賛同が得られているものは、住宅の質、仕事の質・量・安定性、健康状態、教育水準、自由と権利、治安の良さ、社会的なつながり、自然環境、幸福感であり、これらの指標群をダッシュボードに掲載する必要がある。

4.3　格差・不利な条件の重複・機会の平等の評価の重要性

　福利を構成する多様な要素を反映した上で社会評価する際に、単純平均や総和といった集計値を見るだけでは不十分である。福利の各要素における分配の公平性を考慮できるように評価すべきである。また、不利な条件が一人の個人のなかで重複する累積的な剥奪の問題（健康状態の低さはしばしば低所得、低学歴、希薄な社会的つながりなどの他の不利な条件と重複する確率が高い）、不利な条件が時間・世代を超えて再現・蓄積されてしまう機会の不平等の問題（貧困世帯出身の子が成長すると貧困世帯の親になる確率が高い）も考慮できるようにしなければならない。

4.4 ストック評価の重要性

貧困層は貯蓄の取り崩しや借金で現在の消費の不足を補うことがあるため、世帯レベルの福利の評価においては、現在の所得や消費を見るだけではなく、ストックである資産との兼ね合いも考慮しなければならない。また、マクロ・レベルの福利の評価においても、現在世代が将来世代に残すべき資産を不当に喰いつぶして、将来世代を犠牲する形で自分たちの消費水準を高めるという破滅的な浪費が起こることもあるため、経済にある各種資本ストックの増減の問題を考慮しなければならない。具体的には、物的資本、人的資本、自然資本、社会関係資本の増減を見るべきである。ストックの指標を見る際には無理に経済的価値に換算して集計する必要はない。とりわけ人類にとって重要かつ致命的な情報(気候変動に関連する温室効果ガスの排出量や漁業資源量など)については個別に物理的な尺度で経過を見た方がよいだろう。

4.5 個票データの構築・活用の重要性

上記の問題をきちんと考察できるように多様な生活次元の情報を収集した結合分布の個票データを作成し、さまざまな要素間の関係、不利な条件の重複、世代間のつながりを調べられるようにすべきである。特に、小規模な学術調査によって重要性が認められている調査項目や調査手法については、公式の世帯調査に反映して改善すべきである。このようにして作成した統計データは各種指標の計算や幸福感に及ぼす諸要素の因果効果の推計に役立てられるように研究者に開かれているべきである。

これらの提言を受けて、OECDは福利を構成する要素を11の次元(表4参照)に絞り、各次元を計測する指標群「より良い暮らしの指標」を作成した(表4〜表6)。次節では、このダッシュボード・アプローチに基づいた指標群の現状と課題について説明しよう。

表 4　ヘッドライン指標：現在の福利の平均（Web 上で公開されている OECD Better Life Index の構成要素、2022年 9 月時点）

1. 住宅 ①住宅取得能力（世帯可処分所得に占める住居費割合の平均） ②基本的な衛生設備（世帯専用の屋内水洗トイレをもつ居住者の割合） ③一人当たり部屋数（一人当たり部屋数の平均）
2. 所得 ①家計の純資産（世帯の純資産（金融資産－負債）の平均） ②家計の所得（世帯可処分所得の平均）
3. 仕事 ①仕事の安定性（失業時の減収分の期待値） ②報酬（フルタイム労働者の平均年収） ③長期失業率（労働力人口に占める長期失業者（1 年以上）の割合） ④就業率（労働力人口に占める就業者の割合）
4. コミュニティ ①社会的支援の質（困ったときに頼りになる友人・身内がいると回答する人の割合）
5. 教育 ①教育年数（5 歳の子どもが39 歳までに達成が期待できる正規教育年数） ②生徒の技能（PISA における児童の平均点数） ③学歴（25 ～ 64 歳人口に占める高卒以上の学歴を持つ個人の割合）
6. 環境 ①水質（水質に満足している人の割合） ②大気の質（大気中の PM2.5 濃度）
7. 市民参加 ①規制策定の市民参加（法や規制の策定に市民が参画できるレベルを得点化したもの） ②投票率（選挙の投票率）
8. 健康 ①主観的健康（自分の健康を「良い」もしくは「非常に良い」と回答した人の割合） ②平均余命
9. 生活満足度 生活満足度
10. 安全性 ①殺人率（10 万人当たりの殺人件数） ②安全感（夜間時の一人での外出に危険を感じない人の割合）
11. 仕事と暮らしのバランス ①余暇・私的ケア（一日に占める余暇と私的ケア（食事、睡眠など）の時間の割合） ②長時間労働（労働時間が週 50 時間を超える労働者の割合）

表5　ヘッドライン指標：現在の福利の不平等

1. 所得と富
所得の五分位比率（家計可処分所得の上位 20％／下位 20％）
2. 住宅
過密状態の住居（過密状態の住居に暮らす世帯の割合）
3. 仕事と仕事の質
①男女間賃金格差（男性の賃金中央値／女性の賃金中央値）
②長時間労働（日常的に週 50 時間以上働く雇用者の割合）
4. 健康
学歴間平均余命格差（25 歳時点で大卒以上の平均余命／中卒以下の平均余命）
5. 知識と技能
低技能の生徒（PISA の全科目スコアがレベル2に達していない生徒の割合）
6. 環境の質
大気汚染（濃度 10μg／㎥ を超える PM2.5 に曝される人口の割合）
7. 主観的幸福
否定的な感情のバランス（典型的な 1 日において、肯定的な感情よりも否定的な感情の方が多く感じると回答した人の割合）
8. 生活の安全
男女間の夜間の安全感の差（夜間の一人での外出に不安を感じる男女の割合の差）
9. ワーク・ライフ・バランス
男女間の労働時間格差（15〜64 歳における有償労働と無償労働に費やす労働時間の男女間格差）
10. 社会とのつながり
社会的支援（困ったときに頼りにできる友人・身内がいないと回答した人の割合）
11. 市民参加
政治の発言力（政府の活動に対する発言権がないと感じる 16〜65 歳の人口の割合）

5　ダッシュボード・アプローチの実務・運用上の課題

　スティグリッツ委員会による報告を受けて、OECD はダッシュボード・アプローチに基づく社会評価のための指標群「より良い暮らしの指標」を作成・公開している。ウェブ上で公開されている指標群は平均尺度のみを考慮に入れたものであり、福利の構成要素として11の生活次元を提示し、各次元につき 1 〜 4 の変数を加工・集計して各要素の点数としている。この指標群では、福利の構成要素に与えられるウェイトは自由に変更することが可能であり、いかなるウェイトに基づく集計結果でも計算できる仕様になっている。たとえば、社会評価において「所得と資産」だけを重視し、その他の重要な要素である健康、環境の質、仕事

表6　ヘッドライン指標：将来の福利のための資源

1. 経済的資本
①生産固定資産
②一般政府の調整済み純金融資産の対 GDP 比
③家計の負債（家計の負債／家計の純可処分所得）
2. 自然環境資本
①温室効果ガスの総排出量
②マテリアル・フットプリント（最終需要を満たすために採取された天然資源量）
③絶滅危惧種のレッドリスト指数（絶滅リスクの合成指標）
3. 人的資本
①若年層の学歴（25 ～ 34 歳人口における高卒以上の学歴をもつ人口の割合）
②未活用の労働力（[失業者＋意欲喪失労働者＋不完全就業者]／労働力人口）
③損失余命年数（10 万人当たりの年齢調整済み損失余命年数）
4. 社会関係資本
①他者への信頼感（大体の人は信用できるかという調査に対する回答の平均点）
②政府への信頼感（自国政府を信頼すると回答した人の割合）
③国会議員に占める女性の割合

　と暮らしのバランスなどを重視しない偏った価値観の持ち主は、所得と資産のウェイトを最高値にして、残りのウェイトを最低値にすればよい。もちろん、そのような偏った評価の持ち主はほとんどいないであろうから、各自は自分の価値観にしたがって、各構成要素に自分の好きなウェイトを割り振ることができる。その一方、ウェブ上で公開されているのは、「より良い暮らしの指標」の中でも「平均」に基づいたヘッドライン指標（表４）だけであり、「分配（不平等）」（表５）と「持続可能性」（表６）の評価尺度群は公開されていない（より良い暮らし指標の具体的な構成要素、指標、計測単位は表４〜表６にまとめたので参照されたい）。スティグリッツ委員会では、平均の側面だけではなく、分配と持続可能性の側面も社会厚生の評価にとっては極めて重要だとしているが、ウェブ上では平均のみが公開されている状況が続いている。また、この指標群は暫定的なものであり、指標の見直し・適宜修正の上で運用されているため、現時点では時間を通じた比較が完全にできる仕様にはなっていないことにも注意されたい（一部のデータは時系列の変化を見られるようになっている。詳細は『OECD 幸福度白書5　より良い暮らし指標：生活向上と社会進歩の国際比較』（OECD 2021）を参照されたい）。

　スティグリッツ委員会の後継組織として OECD 内部に期間限定（2013〜2018

年）で招集された専門家による作業部会（Hi-level Group、略して HLEG）は、2018 年に *Beyond GDP: Measuring What Counts for Economic and Social Performance*（Stiglitz, Fitoussi, and Durand 2018）と『GDP を超える幸福の経済学：社会の進歩を測る』（スティグリッツ・フィトゥシ・デュラン 2020）という二つの報告書を作成した。これらの報告書は対となるもので、報告書『Beyond GDP』の方では、スティグリッツ委員会の最初の報告書同様に主要な見解が12の提言という形にまとめられた（表 7 参照）。この提言内容を読むと、2009年のスティグリッツ委員会報告と重複する内容のものが数多く散見されるものの、2018年の方がより実務的な内容と具体的な評価方法について踏み込んだ提言内容となっている。また、この報告書の対となる形で発表された『GDP を超える幸福の経済学』では、ダッシュボード・アプローチそのものがもつ課題と、各指標の測定方法に関する技術および実務上の課題がまとめられた。2018年の二つの報告書にある12の提言と、ダッシュボード・アプローチおよび具体的な個別指標に関する課題を、2009年報告書の提言と重複する内容を省いた形でまとめると、以下の三つのものに分類することができる。

5.1　ダッシュボード・アプローチの課題

　ダッシュボード・アプローチには実務上重要な課題が三つある。

　第一に、ダッシュボードに掲載するべき指標群をどう選ぶべきだろうか。ダッシュボードには、人々の物質的な状況、生活の質、格差、持続可能性、経済の安定性などが分かる指標を掲載することが重要である。しかし、掲載する指標が多すぎると情報過多になって総合的に判断することが困難になる。一方、指標が少なすぎても重要な情報を見落とすことになりかねない。どの領域のどの指標をどの程度掲載すべきか常に検討する必要がある。

　第二に、指標におけるインプット、アウトプット、アウトカムの違い[21]を認識し、アウトカムの指標をできるだけ掲載する必要がある。たとえば、教育を評価する指標ではアウトカムに当たる「教育を受けた子どもや成人の学力」に基づいた評価指標が望ましい。しかし、アウトカムの測定には多くの費用と労力がかかり、すべての国で統一した方法で収集することは難しい。一方、教員・生徒比率や、学校数などのインプットの情報の方がデータとしては収集しやすい。デー

表7　HLEGによる12の提言（各提言の見出しは訳者が作成）

提言1.　ダッシュボード・アプローチの重要性

経済システムの機能に焦点を絞った場合でさえ、単独の尺度で一国の健全性を測ることは決してできない。人々の物質的な状況、生活の質、格差、持続可能性などが分かる指標のダッシュボード（計器盤）を見ることで、政策は誘導される必要がある。このダッシュボードには景気循環の期間全体で人々の状況を評価できる指標も含める必要がある。このようなダッシュボードを用いていれば、大恐慌の政策対応は異なっていただろう。

提言2.　より良い福利尺度の開発と担当部局の独立性の重要性

どのような経済発展の水準にあろうとも、すべての国にとってより良い福利指標を開発することが重要である。この作業を効果的に推進するためには、ビッグデータのもつ潜在的な可能性の検討も含めて、国家の統計担当局に必要な資源と独立性が与えられるべきである。国際社会は途上国の統計能力を向上させるためにもっと投資すべきである。

提言3.　所得・資産格差の尺度の更なる精緻化と改善の必要性

統計担当局が租税記録を活用して分布の最上位層の動向を把握することや、世帯の所得・消費・資産の結合分布の尺度を開発することなどによって、所得および（とりわけ）資産に関する経済格差の既存の尺度の精度と比較可能性をさらに改善すべきである。

提言4.　集団間格差・世帯内格差の計測手法の開発

集団間の福利の成果の差を記述するために、年齢、性別、障害、性的指向、教育、その他の社会的状況に応じてデータは別個に集計される必要がある。資産所有の形態、世帯内の資源・金銭上の決定権に関するものなど、世帯内の格差を説明する尺度が開発されるべきである。

提言5.　経済格差の尺度の国民経済計算体系への統合

GDPの成長の果実が社会のなかでどのように分配されるか理解することや、ミクロとマクロのアプローチを融合するという観点から、国民経済計算体系のなかに経済格差の情報を統合するように努めるべきである。

提言6.　「機会の平等」尺度の開発

機会の平等を評価することは重要である。国および時間をまたいだ機会の格差の尺度を比較できるように、行政記録を世代間でつなぐなり、家計調査に親の状況に関する回顧的な質問を含めるなどして、人々の広範囲の状況を見る尺度を開発すべきである。

提言7.　主観的幸福の決定要因と因果効果の検証

主観的幸福の決定要因および因果関係を解明するために、大規模かつ代表的な標本に基づいて、主観的幸福の認知および経験尺度の双方を標準化した形で高頻度かつ定期的に収集すべきである。

提言8.　経済的不安定性に対する政策効果の検証

人々の経済的不安定性に対する政策の効果を常に評価すべきである。ただし、この政策の効果は、経済的ショックに見舞われた際に人々が経験すること、利用可能な緩衝手段、主要なリスクに対する社会保険の十分さ、不安定性の主観的な評価の情報を示す指標群のダッシュボードを通じて測定される。

提言9.　持続可能性の評価の改善

持続可能性のより良い尺度が必要である。そのためには、な部門の資産と負債のすべてを網羅した完全なバランスシートの開発、資産評価に含まれるレントの測定、人的資本や環境資本、システムの脆弱性と回復力に関する尺度の改善が求められる。

提言10. 信頼および社会関係資本の評価の改善
信頼およびその他の社会規範の尺度は、一般および特殊家計調査の双方と同様に、心理学や行動経済学の知見に依拠した代表的回答者の標本に統制された実験的手法によっても改善されなければならない。

提言11. 統計データおよび行政記録の公平かつ安全なアクセスの促進
情報の機密性を保持しつつ、異なる研究チームや理論的な立場の間で公平な競争の場を確保できるような形で、研究者および政策分析家の統計データや行政記録へのアクセスを促進すべきである。

提言12. 政策決定のあらゆる場面における福利尺度の活用促進
「より良い生活のためのより良い政策」を実現するために、政策プロセスのあらゆる段階（行動の優先順位の特定から、プログラムの目標間の調整、異なる政策オプションの便益と費用の検討、予算・資金調達面での意思決定、政策・プログラムの実施・評価のモニタリングにいたる段階）において、福利の尺度が意思決定に活用されるべきである。

タの計測・収集に困難を伴うアウトカムの指標をどこまで評価の基礎にすえるべきか、国際的な統計の整備の実現可能性も念頭に入れて、指標選択のバランスを検討しなければならない。

　第三に、目標間のトレードオフをどう評価すればよいのだろう。たとえば、健康の指標は改善されたが、教育の指標は悪化した場合に、社会が良くなったか悪くなったのかどう判断するのか、指標群を集計し評価するための枠組みを検討すべきである。

5.2　分配の公平性、機会の平等、経済的安定性、持続可能性を示す指標の開発と精度の向上

　分配の公平性、機会の平等、経済の安定性、持続可能性を示すより良い尺度の

21）インプットは投入物、アウトプットは中間の成果、アウトカムは最終的な成果を指す概念である。たとえば、高血圧の問題について考える際に、私たちにとって重要なアウトカムは「健康に過ごせる期間＝健康寿命」であろう。この文脈におけるインプットは薬の投与や治療となる。アウトプットは治療の成果としての血圧の低下ということになるが、血圧の低下が実際に確認できたとしても、それが長期的に健康寿命をどこまで伸ばせるかはただちに確認することはできない。

開発が必要である。第一に、垂直的公平性（所得・資産の経済格差における公平性）と水平的公平性（集団間経済格差、世帯内経済格差における公平性）の既存の尺度の精度を高める必要がある。垂直的な経済格差のデータ精度を高めるためには、無作為抽出では捕捉できない超富裕用の経済動向を把握するために租税記録を用いることや、所得・消費・資産・現物給付の結合分布のデータ作成が必要となる。また、集団間格差と世帯内格差を分析するために、年齢、性別、障害、性的指向、教育、世帯内の資産所有状況、世帯内の資源・金銭上の決定権などの情報収集も必要となる。経済格差の尺度としては所得・資産上位層が総所得・総資産に占める割合などを用いて、格差の情報を国民経済計算体系に組み込む工夫が必要である。第二に、機会の平等を完全に把握することはできないが、①幼少期の認知能力や親の経済状況などの環境要因が本人の所得に及ぼす影響、②所得階層間の移動確率などを分析することで機会の不平等の一部を計測することはできる。世代をまたぐ行政記録を連結したり、幼少期の親の状況に関する回顧的な質問を含む家計調査を行うことで、機会の平等に関する情報を整備すべきである。第三に、経済的安定性の尺度を構築することは困難ではあるが、①所得・消費・資産の変動、②所得の非自発的な減少に対する緩衝手段（副収入、自分以外の家族の収入、保有資産など）の存在、③失業・減収などの悪い事象が発生する確率、④不安定さの主観的評価などを通じて評価することはできる。これらのデータの精度を高めるためにも、パネルデータの構築、行政データの連結、所得・資産・世帯経済状況の結合データに関する情報を整備すべきである。第四に、物的・人的・自然環境・社会関係資本の指標を把握するとともに、これらの資本の相互関係を分析し、持続可能性、システムの脆弱性、回復力に関するより良い尺度を開発すべきである。

5.3　統計データの収集・維持・管理・活用に関する課題

　統計データの適正な収集・維持・管理の方法には四つの課題がある。第一に、社会目標となる福利の指標群を適切に作成・管理するために、政府からの不当な介入に対抗できるだけの資源と独立性が統計局に与えられるべきである。また、途上国の統計能力を向上させるために国際社会は投資する必要がある。第二に、福利の評価を適正に行う上で、収集すべき統計データの種類を増やすとともに、

調査手法も学術研究の成果を活用して改善すべきである。具体的には、①所得・資産格差（租税記録を用いた最富裕層の動向、世帯の所得・消費・資産などの結合分布）、②機会の平等（世代をまたぐ行政記録の連結、幼少期の親の状況に関する回顧的な質問を含む家計調査）、③主観的幸福感（幸福の認知的・感情的側面の把握）、④経済的安定性（非自発的な所得減少、所得・消費・資産の結合分布のパネルデータないし行政記録の連結、利用可能な緩衝手段の調査、主要なリスクに対する社会保険の十分さ、不安定性の主観的評価）、⑤持続可能性（な部門の資産と負債を網羅したバランスシート、資産評価に含まれるレントの測定、物的資本、人的資本、自然環境資本、社会関係資本のデータ）、⑥信頼感、の6つの領域区分に関するデータを収集すべきである。第三に、安全かつ公平な方法で統計データおよび行政記録への研究者のアクセスを促進し、福利の構成要素間の関係性を解明すべきである。第四に、福利の尺度を活用して、政策プロセスのあらゆる段階の意思決定に役立てるべきである。

6　社会選択理論の有用性

　これまで説明してきたように、GDPは「社会厚生の残念な尺度」という認識[22]が長い間共有されていた。しかし、その代替指標として提案されてきた補正GDPも合成指標も（ついでに言えば幸福指標アプローチも）理論的な根拠が薄弱で説得力をもてなかったことや、GDPと似たような結果が得られるということもあって、依然としてGDP至上主義が幅をきかせていた。スティグリッツ委員会の報告を受けて、ダッシュボード・アプローチに基づいて社会評価を行おうとする機運は高まったが、いざ現実の社会評価にダッシュボード・アプローチを適用しようとすると、いくつもの疑問が湧いてはこないだろうか。たとえば、

22）「一国の一定期間の生産力を測る尺度」としてGDPは適切であることに注意されたい。一部の人々は経済学者のこの種の発言を不満に思うことが多いようであるが、「社会厚生の尺度」と「生産力の尺度」は単純に異なるというだけの話である。たとえば、「一企業の総売上高」はその企業の生産物の経済的価値を示しているだけのもので、それ以上でもそれ以下でもない。「企業の総売上高」をその企業の「社会貢献した価値」と置き換えるのは論理の飛躍以外の何物でもない。

ダッシュボードに掲載する指標群をどのように活用・集計して最終的な評価・判断を行えばよいのだろうか？　多様な指標を集計するためのウェイトはどのように決めればよいのだろう？　スティグリッツ委員会では各指標において分配の公平さ、機会の平等、不利な条件の重複の問題を見るべきだと警鐘を鳴らしてはいたものの、実際問題としてどのように公平性概念を定義し、指標のなかでどのように配慮すればよいのだろう？　異なる単位の尺度を大量に並べられても消化不良になってしまい、社会評価を行う上で真に見るべきもの、大事なものの重要性がどんどん失われる本末転倒な状態に陥ってはしまわないだろうか？

このような疑問に対してこそ社会選択理論が大きく貢献できる可能性がある[23]。もちろん、これはいろいろな不可能性定理を1ダースほど見繕って、「完璧な方法などないから諦めなさい」という「不可能性のフルコース」を提供するという意味ではない[24]。本節では不可能性のフルコースに陥らない一例として、分配面の公平性を考慮するための実用的な評価方法を紹介しよう。

いま、福利を計測する何らかの測定単位が与えられているとする。一番分かりやすいのは所得水準だ（もちろん、それは家計の純資産や健康等価所得でもよい）。所得や資産の水準が個人に保証する購買力（≒生活水準）は明白に比較可能であるし、比率や差分の比較にも意味がある。とはいえ、健常者と障害者、健康そのものの20代の労働者と生活習慣病を抱える後期高齢者の福利を単純に所得や純資産の多寡で比較することは大きな問題だ。そのような場合には高齢者や障

---

23) 付言すると、社会評価の方法さえ決められれば、統計学と実験経済学が実行力のある政策デザインに大きく貢献してくれることになるだろう。すなわち、ひとたび社会評価において重要な構成要素とその評価方法が確立されれば、それらの構成要素を増加させる（社会厚生も増加させる）費用対効果の少ない方法を統計的・実験的に模索・検証することで、限られた資源を有効活用する政策を明らかにできるようになる。また、望ましい社会システムをデザインする上で、マーケット・デザイン理論の応用を期待できることも言うまでもない。

24) フローベイも論じているように、そもそも不可能性定理は定理が前提とする公理や仮定の重要さによって、枝葉末節のものから、本質的に重要なものまで、その質はピンキリになる。たとえば、福利の個人内・個人間比較の客観性・科学性がないという主張から、ホームレスと大富豪の生活水準すらも比較できないという想定を課すことは真っ当なやり方だろうか。個人間比較ができなければ、いかなる格差も最初から存在しないことになり、分配の公平性を考えることが一切できなくなる。このような仮定のもとで社会評価を行うことは有害以外の何物でもない。

碍者が不利な分だけ何らかの方法で割り引いて所得を計測することにしよう[25]。あるいは、あえて何の調整もせず所得や純資産だけに着目し、金銭面の格差の状況だけを把握するとしてもよい。このようにして得られた福利の指標や、生活水準を示す一つの金銭指標の分布を社会的に評価する際に、分配の公平性を考慮に入れた形で誰もがそれなりに納得できるような適切な比較方法はあるだろうか。

この種の問題を考える際に重要かつ効果的な方法が公理による分析（公理的分析）だ。ここで言う「公理」とは、平たく言えば「約束事」と同じようなものだと考えてもらうといいかもしれない。つまり、公理とは「かくかくしかじかの状況になった場合、かくかくしかじかの形になることを約束しますよ」という一種の決まり事である。私たちが格差を考慮に入れた上で社会を評価したいときに、とりあえず「納得できる妥当なお約束」を「公理」という形で評価の方法に盛り込んで、一体どんな評価ができるのか（あるいはできないのか）見てみようというのが「公理による分析」のアプローチである。有名なアローの不可能性定理は、ケネス・アローの考える「（彼にとっての）もっともらしい公理」を盛り込んで社会評価をしようとすると上手くいかないことを証明した「公理による分析」の結果の一つなのである[26]。

それでは、社会評価の文脈において「もっともらしい公理」とは何であろう

---

25) 割り引き方の一つは、本書のなかでフローベイが推奨する「等価アプローチ」である。もう一つの方法論は、訳者が推奨する「コンセンサス・アプローチ」である。この方法については脚注32で説明しよう。

26) 公理的な分析の利点とは何だろうか？　訳者の師匠である故・鈴村興太郎教授は、生前、①私たちが妥当と考える公理間の論理的整合性を調べることで、何が可能で何が不可能なのか明らかにできること、②一見素晴らしい方法と思えるものであっても、公理的な分析でその論理的な性能が解明される過程のなかで思わぬ不備があることに気付かされること、③望ましい公理群によって公理的に特徴付けられる場合、他に選択肢がなく、それだけを使えばよいという形で思考を節約できるようになること、という利点を訳者に教えてくれた。この利点は数学や経済学に限ったことではなく、あらゆる分野において該当することなので、このアプローチが多くの分野に普及すればと思う。もちろん、本質的に重要ではない公理や、解釈しづらい非常に複雑な公理を並べ立てて、可能性定理や不可能性定理を論じることには、ほとんど意味がない。自分が推したい特定の評価方法や分配のルールを公理的に特徴付けるために、まったく妥当ではない公理をあれこれと準備する作業は生産的な議論とは言い難いだろう。いかなる研究分析も「正しい研究関心」と「妥当な分析手法」の両方を備えていなければならないように思われる。

か？　長年にわたる社会選択理論（および隣接する理論経済学分野）の研究のなかで、常識的に望ましいとされる公理は概ね合意が取れているように思われる。それは以下の公理群である。

> ①強パレート原理（あるいは強単調性）：
> 　他の誰の福利水準も低下することなく、誰かの福利の水準が増加する場合、社会厚生は増加しなければならない。

> ②順序性（あるいは完全合理性）：
> 　社会厚生の比較においては、どんな社会状態の比較も可能であるし、社会厚生の大小比較が整合的に定義できなければならない[27]。

> ③連続性：
> 　個人の福利水準の僅かな変化が社会厚生の評価を大きく変えることはない。

> ④匿名性（あるいは対称性）：
> 　誰もが社会評価において等しい扱いを受けるべきである。すなわち、社会厚生の評価は福利水準の分布のみで決まり、特定個人の福利水準が他の個人の福利水準よりも優遇されるようなことはない。

> ⑤移転原理：
> 　福利の分布の評価において、他の個人の福利の水準は変わらず、豊かな個人と貧しい個人の間の福利の格差が縮小するような変化（貧富の格差の改善）が生じた場合、社会厚生は減少してはならない。

27）「大小比較が整合的に定義される」という曖昧な表現を厳密に言うと、「社会状態 A、B、C の比較において、A が B 以上に望ましく、B が C 以上に望ましいときには、A は C 以上に望ましくなければならない」というものである。

⑥複製不変性:

　福利の分布の評価は、分布の情報だけが重要であり、分布の状況が同じなのであれば、同一人口規模の社会厚生の比較においては等しい判断が適用されるべきである。たとえば、100人の個人がいる国家において、二つの所得分布 x と y があり、所得分布 x では半分が年収400万円、残り半分は年収1000万円、所得分布 y では半分が年収200万円、残り半分は年収2000万円の経済だとする。このとき、前者の分布 x が後者の分布 y よりも社会厚生が高いと判断されるとしよう。複製不変性の公理は、1万人の国家において、半分が年収400万円、残り半分は年収1000万円の所得分布 x' と、半分が年収200万円、残り半分は年収2000万円の所得分布 y' においても前者の分布 x' が後者の分布 y' よりも社会厚生が高いことを要請する。

続いて、以下の二つの公理は研究者間で合意が取れているわけではないが、技術的に関数形が扱いやすくなる上、論者によってはこの公理自体に十分な論理的・倫理的な根拠があると考えているものでもある[28]。

⑦分離可能性:

　二つの状態の社会厚生の評価において、どちらの状態でも同じ福利水準の個人は無視して評価して構わない(社会厚生の評価は二つの状態に利害関係をもつ個人だけで決めればよい)。

しかし、分離可能性は格差それ自体を重視しない要請になってしまう。たとえば、二つの福利の分布 $x=(1, 1, 4, 5, 10)$ と $y=(1, 1, 3, 9, 10)$ の社会評価において、y が x よりも社会的に望ましいと判断されるとしよう。二つの分布で個人1, 2, 5は同じ福利を得られるので無視され、社会評価は個人3と4の福利に基づいて行われる。この分布における中間層である個人3の犠牲よりも個人4の大きな改善を重視して、y を x よりも社会厚生が高いと判断したとしよう。このとき、分離可能性の要請は、二つの福利の分布 $x'=(10, 6, 4, 5, 10)$ と $y'=(10, 6,$

---

28)　訳者は分離可能性の規範的な意義について否定するつもりはないが、それがもたらすさまざまな弊害(理論的な不可能性の問題と社会にもたらされる格差自体を無視すること)を考えると、分離可能性の規範的な価値は他のものに比べて強くないという立場を採っている。

2, 9, 10）の社会評価において、y' が x' よりも社会的に望ましくなることを求めることになる。すなわち、この分布における一番福利の低い個人3の犠牲よりも個人4の改善を重視した判断になる。これを分離可能性の欠点と捉えるかは論者によって判断が異なるため、これ以上の議論はここでは控える。しかし、格差を考慮できるような公理として、以下のランク分離可能性を考えることがある。

> ⑧ランク分離可能性：
> 　二つの状態の社会厚生の評価において、どちらの状態でも福利水準の順位が同じで、かつ福利水準が同じである個人は無視して評価して構わない。

　上記の公理（約束事）を満たすような社会評価の方法はあるのだろうか？　実は上記の公理1〜6までを満たし、かつランク分離可能性を満たす形で問題なく社会評価できる方法があることが訳者の研究で明らかになっている（Sakamoto and Mori 2021）。上記の公理の組み合わせを要求する場合には、社会の評価方法は訳者の解明した方法に従うことを示せるため、この方法を用いることが公理によって正当化されることになる。この評価方法の誰にとっても分かりやすい具体例として、以下の分位平均比較法と区間人口比比較法を挙げておこう。

①分位平均比較法：
　所得分布を一定の所得階層区分で分割しよう。たとえば、所得分布の下位10％、11〜20％、21〜35％、36〜50％、51〜75％、76〜90％、91〜99％、上位1％などのように所得階層を区切る。また、各所得分位に任意のウェイトを割り当てる（ただし、低い所得分位により高いウェイトを付す）。このとき、二つの所得分布を比較する上で、先ほど区切った所得分位ごとの平均所得を計算し、その平均所得に定めたウェイトを掛けて足し合わせるという処理を行う形で、加重平均の高い方の所得分布を社会厚生が高いと判定する[29]。

29）専門家向けに解説すると、分位平均比較法はランク加重功利主義の一種で、連続的で滑らかな関数形を線形近似したものとして解釈することが可能である。訳者は公理の要求を満たした上で、あらゆる関数形が可能であることから、どれを選ぶべきか分からないという状態（もしくは、恣意的に余分な公理を追加することで関数形を極端に制限して一つのパラメーターで関数形が特定できるようにするような状態）よりも、粗くても柔軟に私たちの分配への配慮を表現できるような関数形式の方が好ましいと考える。

②区間人口比比較法：

　所得水準の情報を一定の所得区分で分割しよう。たとえば、年収100万円以下、101～200万円、…、501～600万円、601～800万円、801～1000万円、1001～1500万円、1501～3000万円、3001万円以上、などのように所得区分を作成する。また、各所得区分に任意のウェイトを割り当てる（ただし、低い所得区分により高いウェイトを付す）。このとき、二つの所得分布を比較する上で、先ほど区切った所得区分ごとの人口比を計算し、その人口比に定めたウェイトと所得区分の平均不足額（＝「所得区分の上限金額－所得額の平均値」、ただし、最高所得区分では単なる平均所得）を掛けて足し合わせるという処理を行う形で、加重平均の高い方の所得分布を社会厚生が高いと判定する[30]。

　分位平均比較法はかなり単純な比較方式ではあるが、望ましい諸公理を満たしている社会評価の方法の一つである。この方法において実務上問題となる「所得分位の区切り方」や「所得分位に付されるウェイトの選択」は、社会全体の熟議に基づいて決めるべきもので、研究者や政治家が決めるようなものではないだろう。ただ、所得分位の区切り方が細かすぎても粗すぎても格差と分配面の公平性の評価について望ましい結果が得られるようには思えないため、6～11ほどの所得分位区分（具体的には、「単純5分位＋上位1％」という形の6分位区分から「単純10分位＋上位1％」という形の11分位の区分など）にするのがよいと思う。さらに、社会評価に用いる際には加重平均の値だけを見たり表示したりするのではなく、所得分位区分の平均値の情報も公開した方がよいだろう。そうすることで、私たちは所得分布の簡素化された情報（各所得分位の平均所得の状況）を直に見られるようになる。加重平均の変化が何によって引き起こされたのか市民が常にチェックし、以前に決めたウェイトの選択が本当に良かったのか再検証する手続きがあった方が望ましいだろう。

　区間人口比比較法は、分離可能性を満たすことができるので、さまざまな属性集団間の不平等を単純に比較することが可能になる。つまり、性別・人種・民族・

30）同じく専門家向けに解説すると、区間人口比比較法は「一般化功利主義」の一種で、連続的かつ滑らかな関数形を線形近似したものである。分位平均比較法と同じく線形近似によって粗くはなるものの、あらゆる関数形を柔軟に近似できることから、人々がもつ分配への配慮をよりよく近似できると考えられる。

カースト・年齢層など多様な集団間での分布の格差を比較する際に区間人口比比較が簡便かつ理論的根拠をもった方法として推奨されることになるのだ（おそらく区間人口比比較による集団間比較が行われたことは過去に何度かあっただろう。しかし、そのような比較方法が公理的にどのような性質をもつのか解明されることで、理論的な根拠をもった比較方法として推奨できるということが重要なのである）。この方法においても単に集計値である加重平均の値だけではなく、所得区分の人口比を公開した上で社会評価の議論をした方がよいだろう。また、分位平均比較法同様に、実務上の問題となる「所得区分の区切り方」や「所得区分に付されるウェイトの選択」は、社会全体の熟議に基づいて決めるべきもので、所得区分は細かすぎても粗すぎてもよくないと考えられる。

　以上のような形で、所得や純資産などの一次元の変数の分配面での公平性を評価する尺度を作ることは可能であるし、標準的な公理の組み合わせで評価の方法が絞られるという意味では、その理論的な根拠も堅固だと言える。ダッシュボード・アプローチにおいて提唱されている多様な指標群と、各指標において考慮に入れるべきな価値観を組み込んだ社会評価の方法を公理的な分析によってさらに解明していくことが求められよう。

7　今後の課題：ダッシュボード・アプローチと四銃士の先へ

　私たちの社会の望ましい姿と評価の方法は、その時代の権力者や政府によって上から目線で都合よく決められてよいものでは断じてない。私たちの社会を構成する現在および将来の市民の利益・不利益を公正に評価した上で、私たち自身の声によって決められるべきものだ。人間の不完全さを鑑みるに、その過程はさまざまな間違いや不満を必然的に含むものになるだろう。しかし、時間をかけて地道かつ公正に開かれた議論を積み重ねていくことだけが、より洗練された・より優れた社会評価を可能にする唯一の道であるように見える。GDP は単なる「一国の一定期間の生産力の優れた尺度」にすぎず、それ以上でもそれ以下のものでもない。100年前から何度も繰り返されてきたように、一人当たり GDP は社会の目標には到底なりえないのである。スティグリッツ委員会報告を受けて、私たちは今、人類の福利を構成する諸領域について望ましい指標群を作成し、包括的

な視点から社会評価を行うという冒険の旅の途上にいる。もちろん、スティグリッツ委員会の提唱するダッシュボード・アプローチでは、福利の構成要素としてどれを選ぶのか、選んだ構成要素の分布についてどのように公平性を考慮に入れるのか、最終的にさまざまな指標群を統合してどのように社会評価を行うべきか、完全な回答を得られる状況にはない。

　一方、マーク・フローベイは、本書においても、本書の続編に当たる専門書 *Beyond GDP: Measuring Welfare and Assessing Sustainability*（Fleurbaey and Blanchet 2013）においても、社会評価の方法として、彼が「四銃士」と呼ぶ四つの方法論：①合成指標（社会指標）、②主観的幸福感、③等価所得、④潜在能力アプローチを追求・実施すべきだと主張している。しかし、フローベイの的確かつ鋭い指摘・批判にあるように、合成指標、主観的幸福感は理論的根拠や道徳的基盤が曖昧・未熟であるという問題を抱えているし、等価所得アプローチも優位性原理を満たさないという問題をもつ。潜在能力アプローチは具体的に評価する方法論が不明瞭であり、実用的な指標の開発とその理論的根拠を解明するような数学的アプローチと道徳理論の深化を必要としている。しかし、訳者は自身の研究成果から、公理的な分析によってダッシュボード・アプローチにせよ、四銃士にせよ、抱えている諸問題に建設的な形で解決策を見出せるものと確信している。本稿の最終節では、訳者なりに今感じている重要課題を列挙し、今を生きる私たちの世代と問題を共有することで解説を終えることにしたい。

　最初に、ダッシュボード・アプローチにおける指標群の選定の問題は実務上大変重要なものである。スティグリッツ委員会でも正しく認識されていたように、指標群は多すぎても少なすぎてもよくない。報告書では、各国の実情に合わせて指標群を選択できるようにすべきとされていたが、強権的な政府や幸福感のみを極度に重視する国がある現状では、むしろ各国で整備する最低限の指標群のリストを決めるべきである。その上で、計測対象となる指標については、国際機関の調停のもとで、インプット、アウトプット、アウトカムの区別に留意し、福利を構成する現実的な指標群を選定・整備していく必要がある。データを整備し、計量分析を行うことで福利改善の費用対効果が期待できる生活次元を選定していく不断の作業も必要となろう。この問題は政治的な駆け引きも含めて実務上の大きな挑戦になることが予想される。

　第二に、ダッシュボード・アプローチにおける個別の次元における公平性の評

価の問題がある。分配面の公平性評価については訳者の提唱する分位平均比較法や区間人口比比較法を使うのがよいと思うが、その他の公平性の側面（機会の平等、不利な条件の重複、持続可能性と世代間公平性）の評価については更なる工夫が必要になる。この作業においては、公平性概念を定義する道徳的な基礎理論の探究、道徳的な基礎をもつ公理を組み合わせる公理的な分析の探究、実践的な尺度を構築した上で必要となる実務データの構築・調査方法の設計、という三つの分野の挑戦が必要になるだろう。

第三に、ダッシュボード・アプローチの指標群をどのように集計・評価して最終的な社会評価を得るのかという問題がある。現状の公開されている指標群では、指標を加工して得られた11の生活次元の得点に好きなようにウェイトを乗じて足し合わせる加重平均という形式をとっている。たしかにウェイトは各国独自のものを採用し、各国の価値観を反映した形で社会評価する方がよいかもしれない。しかし、11の次元の固定されたウェイトに基づく加重平均で社会評価するという方式を取ることの理論的根拠は曖昧である上、その他の公平性や持続可能性の評価との兼ね合いの問題も存在する。最終的な集計方法とその他の価値指標との兼ね合いに関する理論的な探究が求められている。

第四に、四銃士（合成指標、主観的幸福、等価所得、潜在能力）のアプローチには個別に問題点があることは本文中で触れられている通りである。その上で、フローベイはそれらを補完的に用いる形で社会評価を行うことを提唱している。しかし、補完的に社会評価を行うという方法が具体的にどのようなものになるのか不明瞭である。たとえば、あるウェイトで作成された合成指標が上昇する一方で、等価所得に基づく社会厚生関数の値が下がる場合、私たちはどのように社会厚生を見ればよいのだろうか？　この問題を考察するには、四銃士の個別の評価尺度のクセを熟知することと、包括的に判断するための方法論の探究が求められている。

第五に、社会厚生の評価において不確実性とリスクをどのように組み込むかという問題がある。これまでの議論では、すべて決定論的な社会評価の問題（すなわち、結果が確定した後あるいは結果がほぼ予想通りになる事柄の間の評価の問題）を考えてきた。しかし、現実の政策が将来に及ぼす効果を評価する際には、リスクや不確実性が付きまとうのが一般的である。たとえば、さまざまな気候変動対策の選択肢を選ぶ際に、各々の政策に将来どれほどの効果があるのかは現時

点では不明である。それでも一定の予算を確保して何らかの気候変動対策を実施しなければならないときに、個別の対策の不確実な効果のもとで社会厚生をどのように評価すればよいのだろうか。リスクや不確実性下の社会評価の問題についての理論的探究と実用的な評価手法の開発が求められている。

　第六に、フローベイの提唱する等価所得アプローチとそれに関連する指標化のジレンマの問題を探究する必要がある。フローベイは非パターナリズム性と優位性原理が矛盾する「指標化のジレンマ」を念頭に置いた上で、非パターナリズム性は満たすが優位性原理は満たさない「等価所得アプローチ」を推奨する。しかしながら、優位性原理の侵害は、個人 i が j よりも福利の水準がすべて低くとも等価所得の上では j よりも豊かだと判定される反転現象が起こることを意味する。たとえば、健康等価所得で個人の福利を判定することを考えよう。個人 i が j よりも健康にそれほど価値を見出していない、もしくは貧しすぎて完全な健康状態になるために支出できる金額がほとんどないといった場合、健康等価所得の上では i が j よりも豊かだと判定される反直感的な事態が生じうる。理論的には、諸個人の評価をある程度尊重しつつ、優位性原理を満たすような個人の福利指標を構築することは可能であるため[31]、個人の福利にどのような概念を採択すべきか、福利概念の理論的探究と実用的な推計手法の双方が求められている。

　第七に、潜在能力アプローチの理論的探究と実用的な尺度の開発の必要性である。フローベイが本文中でも指摘するように、潜在能力アプローチには「洗練された機能（選択機会と実際に達成された機能の組の両方）」を適切に評価するという枠組みの構築が求められている。さらに、指標化のジレンマは潜在能力アプローチにおいても健在で、非パターナリズム性と優位性原理のどちらを重視すべきか検討しなければならない。これらの理論的課題を念頭に置いた上で具体的な

31）そのような指標を訳者が提唱している（Sakamoto 2018）。たとえば、個人 i の状況を全員の選好で評価し、全員の選好で見た場合の最も低い金銭的評価額 x 円を個人 i の福利水準とする方法がある。この方法にしたがうと、「個人 i の福利水準」は「誰の目から見ても最低 x 円以上の金銭単位の効用が保証されている状態」ということになる。この他、ある参照基準でちょうど中位になる個人の選好を用いて個人 i の状況を評価し、中位の個人から見た金銭評価額 x 円を個人 i の福利水準とする方法もある。これらの評価方法の利点は優位性原理を満たすことであり、人々の福利判定における反転現象（あらゆる点で劣位にある個人の方が裕福だと判断されてしまう現象）を完全に防ぐことができる点にある。

評価手法を開発することが求められるとともに、実務上の課題として、どのように選択機会を推測するのか、推計の元となるデータを信頼のできる形で収集するにはどうすればよいのか検討する必要がある。

　最後に、社会評価に付随する諸問題への配慮の必要性である。数学的に性能のよい評価手法を開発するということと、その評価手法を運用した際にどのような問題が生じるかということは別種の問題である。現実はしばしばグッドハートの法則（ある指標を評価基準にすると、その指標は評価の基準に相応しくなくなるという問題）にしたがうため、その時点で望ましい指標を構築し、望ましい評価・比較ができたとしても、事後的には評価対象者の好ましくない行動（たとえば、一国の権力者が自分の政策や体制が正しいと言うために、指標をごまかしたり、データの正しい推計が不可能になるような介入）が誘発され、評価や比較が適正に機能しなくなるという事態が生じうる。実際、独裁・強権的な国家においてGDP の不正操作がなされているという証拠も蓄積されつつある[32]。そのような事態を予め想定し、評価の手法を不断に改善・見直し、適切な指標群を管理・維持していかなければならないだろう。その意味において、統計局の独立性の担保と算定方式とデータの公開は言うに及ばず、私たちの価値観「政治家は結果責任がすべてで、評価指標が下がったらその政権は変わるべきだという価値観＝評価指標が下がらないようにごまかそう・有耶無耶にしようという政治家が増えてしまう価値観」自体も変わる必要があるように思われる[33]。

---

32) 脚注 8 を参照されたい。なお、どのような評価の体系であれば事後的に望ましくない行動を誘発しないようにできるのか、望ましくない行動を誘発せず、望ましい結果を誘導できるようなメカニズムは構築可能かといった理論的な問題は、社会選択理論とゲーム理論の一領域である遂行理論と呼ばれる分野（マーケット・デザイン理論の近接分野）で研究されている。

33) 事前にうまくいかないことが科学的に立証されている政策を強権的に実行し、その結果が望ましくなければ、その政権には大きな過失があり、結果責任を取るべきだと主張することができよう。しかし、政策実行前の時点で、政策がうまくいくのか・いかないのか十分には分からず、うまくいく可能性が科学的な見地からも存在しているという状況のもとでは、政治家や行政担当者に結果責任をもたせることは難しいだけではなく残酷ですらある。不確実性やリスクを伴う諸政策の実施の多くにおいて、結果のみで責任を問うようなことは一般にできない正当な理由があるだろう。この意味において、私たちが政治に対してもつ規範意識自体も適切に進化すべきであるように思う。

持続可能な開発目標（Sustainable Development Goals：SDGs）は、2015年9月の国連サミットにおいて全会一致で採択された「持続可能な開発のための2030アジェンダ」内で掲げられた国際目標である。2030年までに持続可能でより良い世界になることを目指しており、地球上の誰一人として取り残さないという崇高な理念を謳っている。SDGs には17の次元の目標（貧困をなくす、飢餓をゼロに等）が掲げられているが、その各々について重要性を認めない人はいないだろう。しかし、17の次元の選定は適切だったと言えるだろうか。また、この目標群の関連ターゲット（具体的な目標）が169もあるということを知ったら多くの人はどう思うだろうか。訳者は SDGs の社会的意義を否定するつもりはない。むしろ SDGs が重要であると認めていればこそ、本コラムにおいて、SDGs にはどのような問題があるのか論じ、社会評価の難しさについて考えることにしたい。

スティグリッツ委員会の2018年の報告書でも指摘されてるように、ダッシュボード・アプローチに基づいて社会の目標とすべき指標群を作成する際、指標が多すぎては何が重要であるのか分かりにくくなってしまい、非常によろしくない。一方、指標が少なすぎると社会の重要な側面を見落としてしまう可能性が高まってしまい、これまた非常によろしくない。大概のことにおいて中庸が大事であるように、社会評価の指標群においても過ぎたるも及ばざるもどちらの状態でもダメなのである。さて、SDGs の17の次元は OECD のより良い暮らしの指標（11の次元で社会を評価する指標群）と比較すると、やや多い印象を受ける。しかし、それ以上に問題なのは169もある関連ターゲットである。これは桁違いに多すぎる。この「指標の氾濫」とも呼ぶべき現象は、各種団体間の政治的な駆け引きの結果であると言われている。さまざまな政府、国際機関、NGO、企業は大なり小なり何らかの社会貢献活動を行っている。しかし、自分たちが昔からやってきた社会貢献活動がSDGs の上では何も評価されないというのでは非常に恰好が悪い。自分たちの社会貢献活動に対して国連からのお墨付きを頂きたい各組織・団体があれもこれもと関連ターゲットを増やし続けた結果、169という数になったと言われている（本コラムの内容の詳細は、報告書『GDP を超える幸福の経済学：社会の進歩を測る』（スティグリッツ他 2020）の第2章で確認されたい。

SDGs の関連ターゲットには注目する指標が多すぎて、どれが相対的に重要なのか分からないという他にも、別の問題が懸念されている。それは、インプットとアウトプットとアウトカムの錯綜の問題である。もちろん、これはあらゆる評価の文

脈に付随する問題であり、SDGs に限ったことではない。一般に、物事を評価する上では「最終的な成果」を見ることが望ましいとされる。たとえば、健康の評価では個人の健康寿命を見ることが一番である。しかし、個人の健康状態を一生観察することは費用も手間もかかりすぎるため、一般には簡略化され、データを取得しやすいインプット（治療にかかった費用や医療従事者数など）やアウトプット（治療で下がった血圧や、行動障害の改善度など）の指標が用いられやすくなる。SDGs では関連ターゲットを増やしすぎてしまったために、関連するインプットとアウトプットとアウトカムが入り乱れており、整合的な判断を行う上で支障となることが懸念される。

　さらに、SDGs の関連ターゲットは各次元の指標を構成要素ごとで区切るため、「累積的剥奪の問題」が無視される。一部の集団に低所得、不健康・肥満、低学歴、差別的扱い、社会的つながりの低さなどの不利な条件が集中している社会と、すべての集団にばらばらに不利な条件が分散している社会を比較するとしよう。かりに二つの社会で所得、健康寿命、教育水準などの平均値が同じなのであれば、私たちの多くは、一部の集団に不利な条件が集中している社会の方が好ましくないと考える。個別の次元で集計された指標やターゲットだけを見てしまうと、他の次元で起きている困窮の程度との重複や世代間をまたいだ貧困の連鎖の減少に目をつぶることになってしまうため、多次元の格差の問題について配慮する評価の枠組みが必要になるのだ（訳者解説中の社会指標に関する議論も参照）。

　最後に、SDGs や OECD のより良い暮らしの指標などが前提とするダッシュボード・アプローチには各指標をどのように集計して、最終的な判断を下すのか、価値判断のための集計方式の検討（目標間の優先順位の設定など）が求められている。ダッシュボード・アプローチの利点は、価値判断の基礎となるべき情報が集計前のままで見られることにあるが、一方で、最終的な価値判断を行うためには、そのような加工済みの各次元のデータ情報を統合・勘案して包括的な価値判断を行う必要がある。どこの国であれ資源と資金と時間には限りがあるため、より重要な社会目標を達成するために、一部の社会目標は据え置き・未達成のままにしようという事態・意思決定は十分にありうる。各次元をどのように統合し、総合的な社会評価につなげることが多くの人にとって納得できるものであるのか、各国は SDGs 内で達成すべき目標間の優先順位などについて国民全体を巻き込んで議論する必要があるのだ（すなわち、どの分野に相対的に多くの資源や補助金・優遇措置を与えるべきか考えなければならない）。

参考文献

＊は、訳者による引用文献（訳注・訳者メモ・訳者コラム・訳者解説）。

＊ Adler Matthew D. and Marc Fleurbaey eds. 2018. *The Oxford Handbook of Well-being and Public Policy*. Oxford: Oxford University Press.

Alkire, Sabina. 2002. *Valuing Freedoms: Sen's Capability Approach and Poverty Reduction*. Oxford and New York: Oxford University Press.

＊ Alkire, Sabina, James Foster, Suman Seth, Maria Emma Santos, José Manuel Roche, Paola Ballon. 2015. *Multidimensional Poverty Measurement and Analysis*. Oxford: Oxford University Press.

Anand, Paul, Graham Hunter, and Ron Smith. 2005. "Capabilities and Well-Being: Evidence Based on the Sen-Nussbaum Approach to Welfare." *Social Indicators Research*, 74(1): 9-55.

Anderson, Elizabeth S. 1999. "What is the Point of Equality?" *Ethics*, 109(2): 287-337.

Arneson, Richard J. 1989. "Equality and Equal Opportunity for Welfare." *Philosophical Studies*, 56(1): 77-93.

Arneson, Richard J. 1998. "Real Freedom and Distributive Justice." In *Freedom in Economics: New Perspectives in Normative Analysis*, ed. Jean-Francois Laslier, Marc Fleurbaey, Nicolas Gravel, and Alain Trannoy, 165-96. London and New York: Routledge.

Aronsson, Thomas, Per-Olov Johansson, and Karl-Gustaf Lofgren. 1997. *Welfare Measurement, Sustainability and Green National Accounting: A Growth Theoretical Approach*. Cheltenham, U.K. and Lyme, N.H.: Elgar.

Arrow, Kenneth J. 1951. *Social Choice and Individual Values*. New York: Wiley. （ケネス・J・アロー著、長名寛明訳『社会的選択と個人的評価』日本経済新聞社、1977年）

Arrow, Kenneth J., Partha S. Dasgupta, and Karl- Goran Maler. 2003a. "Evaluating Projects and Assessing Sustainable Development in Imperfect Economies." *Environmental and Resource Economics*, 26(4): 647-85.

Arrow, Kenneth J., Partha S. Dasgupta, and Karl-Goran Maler. 2003b. "The Genuine Savings Criterion and the Value of Population." *Economic Theory*, 21(2-3): 217-25.

Asheim, Geir B. 2000. "Green National Accounting: Why and How?" *Environment and Development Economics*, 5(1-2): 25-48.

Asheim, Geir B. 2007a. "Can NNP Be Used for Welfare Comparisons?" *Environment and Development Economics*, 12(1): 11-31.

Asheim, Geir B. 2007b. *Justifying, Characterizing and Indicating Sustainability.* Dordrecht: Springer.

Asheim, Geir B., Wolfgang Buchholz, and Cees Withagen. 2003. "The Hartwick Rule: Myths and Facts." *Environmental and Resource Economics,* 25 (2): 129-50.

Asheim, Geir B., and Martin L. Weitzman. 2001. "Does NNP Growth Indicate Welfare Improvement?" *Economics Letters,* 73 (2): 233-39.

Atkinson, Anthony B. 1970. "On the Measurement of Inequality." *Journal of Economic Theory,* 2 (3): 244-63.

Atkinson, Anthony B., and Joseph E. Stiglitz. 1980. *Lectures on Public Economics.* London: McGraw-Hill.

Barry, Brian. 2008. "Rationality and Want-Satisfaction." In *Justice, Political Liberalism, and Utilitarianism: Themes from Harsanyi and Rawls,* ed. Marc Fleurbaey, Maurice Salles, and John A. Weymark, 281-99. Cambridge and New York: Cambridge University Press.

Basu, Kaushik, and Luis-Felipe Lopez-Calva. 2011. "Functionings and Capabilities." In *Handbook of Social Choice and Welfare, Volume 2,* ed. Kenneth J. Arrow, Amartya K. Sen, and Kotaro Suzumura. Amsterdam and San Diego: Elsevier, North-Holland.

Becker, Gary S., Tomas J. Philipson, and Rodrigo R. Soares. 2005. "The Quantity and Quality of Life and the Evolution of World Inequality." *American Economic Review,* 95 (1): 277-91.

Becker, Gary S., and Luis Rayo. 2008. "Economic Growth and Subjective Well-Being: Reassessing the Easterlin Paradox: Comment." *Brookings Papers on Economic Activity,* 1: 88-95.

Bergson, Abram. 1938. "A Reformulation of Certain Aspects of Welfare Economics." *Quarterly Journal of Economics,* 52 (2): 310-34.

Bergson, Abram. 1966. *Essays in Normative Economics.* Cambridge and London: Harvard University Press.

Bernheim, B. Douglas. 2008. "Behavioral Welfare Economics." National Bureau of Economic Research Working Paper 14622.

Blackorby, Charles, Walter Bossert, and David Donaldson. 2005. *Population Issues in Social Choice Theory, Welfare Economics, and Ethics.* Cambridge and New York: Cambridge University Press.

Blackorby, Charles, and David Donaldson. 1988. "Money Metric Utility: Harmless Normalization?" *Journal of Economic Theory,* 46 (1): 120-29.

Blackorby, Charles, and David Donaldson. 1990. "A Review Article: The Case against the Use of the Sum of Compensating Variations in Cost-Benefit Analysis." *Canadian Journal of Economics,* 23 (3): 471-94.

Boadway, Robin W., and Neil Bruce. 1984. *Welfare Economics*. Oxford: Basil Blackwell.

Bommier, Antoine, and Stephane Zuber. 2008. "Can Preferences for Catastrophe Avoidance Reconcile Social Discounting with Intergenerational Equity?" *Social Choice and Welfare*, 31 (3): 415-34.

Brickman, Philip, and Donald T. Campbell. 1971. "Hedonic Relativism and Planning the Good Society." In *Adaptation-Level Theory: A Symposium*, ed. Mortimer H. Appley, 287-304. New York: Academic Press.

Browning, Martin, Pierre-Andre Chiappori, and Arthur Lewbel. 2006. "Estimating Consumption Economies of Scale, Adult Equivalence Scales, and Household Bargaining Power." Boston College Department of Economics Working Paper 588.

Brun, Bernt Christian, and Bertil Tungodden. 2004. "Non-welfaristic Theories of Justice: Is 'The Intersection Approach' a Solution to the Indexing Impasse?" *Social Choice and Welfare*, 22 (1): 49-60.

Burchardt, Tania. 2006. "Happiness and Social Policy: Barking Up the Right Tree in the Wrong Neck of the Woods." In *Social Policy Review: Analysis and Debate in Social Policy, 2006*, ed. Linda Bauld, Karen Clarke, and Tony Maltby, 145-64. Bristol: Policy Press.

* Cai, Guilong, Xiaoxia Li, Bingxuan Lin, Danglun Luo. 2022. "GDP Manipulation, Political Incentives, and Earnings Management." *Journal of Accounting and Public Policy*, 41 (5), 106949.

Chakraborty, Achin. 1996. "On the Possibility of a Weighting System for Functionings." *Indian Economic Review*, 31 (2): 241-50.

Clark, Andrew E., Paul Frijters, and Michael A. Shields. 2008. "Relative Income, Happiness, and Utility: An Explanation for the Easterlin Paradox and Other Puzzles." *Journal of Economic Literature*, 46 (1): 95-144.

Clark, Andrew E., and Andrew J. Oswald. 2002. "A Simple Statistical Method for Measuring How Life Events Affect Happiness." *International Journal of Epidemiology*, 31 (6): 1139-44.

Cohen, G. A. 1989. "On the Currency of Egalitarian Justice." *Ethics*, 99 (4): 906-44.

Dasgupta, Partha S., and Geoffrey M. Heal. 1979. *Economic Theory and Exhaustible Resources*. Cambridge and New York: Cambridge University Press.

Dasgupta, Partha S., and Karl-Goran Maler. 2000. "Net National Product, Wealth, and Social Well- Being." *Environment and Development Economics*, 5 (1-2): 69-93.

Deaton, Angus. 1979. "The Distance Function in Consumer Behaviour with Applications to Index Numbers and Optimal Taxation." *Review of Economic Studies*, 46 (3): 391-405.

Deaton, Angus. 2008. "Income, Health, and Well-Being around the World: Evidence from the Gallup World Poll." *Journal of Economic Perspectives*, 22(2): 53-72.

Deaton, Angus, and John Muellbauer. 1980. *Economics and Consumer Behavior.* Cambridge and New York: Cambridge University Press.

Debreu, Gerard. 1951. "The Coefficient of Resource Utilization." *Econometrica*, 19(3): 273-92.

Diamond, Peter A., and Jerry A. Hausman. 1994. "Contingent Valuation: Is Some Number Better than No Number?" *Journal of Economic Perspectives*, 8(4): 45-64.

Diener, Ed. 1994. "Assessing Subjective Well-Being: Progress and Opportunities." *Social Indicators Research*, 31(2): 103-57.

Diener, Ed. 2000. "Subjective Well-Being: The Science of Happiness and a Proposal for a National Index." *American Psychologist*, 55(1): 34-43.

Diener, Ed, Eunkook M. Suh, Richard E. Lucas, and Heidi L. Smith. 1999. "Subjective Well-Being: Three Decades of Progress." *Psychological Bulletin*, 125(2): 276-302.

Diewert, W. Erwin. 1976. "Exact and Superlative Index Numbers." *Journal of Econometrics*, 4(2): 115-45.

Diewert, W. Erwin. 1992a. "Exact and Superlative Welfare Change Indicators." *Economic Inquiry*, 30(4): 562-82.

Diewert, W. Erwin. 1992b. "Fisher Ideal Output, Input, and Productivity Indexes Revisited." *Journal of Productivity Analysis*, 3(3): 211-48.

Dowrick, Steve, Yvonne Dunlop, and John Quiggin. 2003. "Social Indicators and Comparisons of Living Standards." *Journal of Development Economics*, 70(2): 501-29.

Dreze, Jean, and Nicholas Stern. 1987. "The Theory of Cost-Benefit Analysis." In *Handbook of Public Economics, Volume 2*, ed. Alan J. Auerbach and Martin Feldstein, 909-90. Amsterdam: Elsevier, North-Holland.

Dutta, Indranil, Prasanta K. Pattanaik, and Yongsheng Xu. 2003. "On Measuring Deprivation and the Standard of Living in a Multidimensional Framework on the Basis of Aggregate Data." *Economica*, 70(278): 197-221.

Dworkin, Ronald. 2000. *Sovereign Virtue: The Theory and Practice of Equality.* Cambridge and London: Harvard University Press. (ロナルド・ドゥウォーキン著、小林公他訳『平等とは何か』木鐸社、2002年)

Easterlin, Richard A. 1974. "Does Economic Growth Improve the Human Lot? Some Empirical Evidence." In *Nations and Households in Economic Growth: Essays in Honor of Moses Abramovitz*, ed. Paul A. David and Melvin W. Reder, 89-125. New York: Academic Press.

Easterlin, Richard A. 1995. "Will Raising the Incomes of All Increase the Happiness of All?" *Journal of Economic Behavior and Organization*, 27(1): 35-47.

Ekman, Paul. 1992. "An Argument for Basic Emotions." *Cognition and Emotion*, 6(3-4):

169-200.

Fehr, Ernst, and Klaus M. Schmidt. 2003. "Theories of Fairness and Reciprocity: Evidence and Economic Applications." In *Advances in Economics and Econometrics: Theory and Applications, Eighth World Congress, Volume 1*, ed. Mathias Dewatripont, Lars Peter Hansen, and Stephen J. Turnovsky, 208-57. Cambridge and New York: Cambridge University Press.

Feldstein, Martin S. 1972a. "Distributional Equity and the Optimal Structure of Public Prices." *American Economic Review*, 62(1): 32-36.

Feldstein, Martin S. 1972b. "Equity and Efficiency in Public Pricing." *Quarterly Journal of Economics*, 86(2): 175-87.

Ferrer-i-Carbonell, Ada, and Paul Frijters. 2004. "How Important Is Methodology for the Estimates of the Determinants of Happiness?" *Economic Journal*, 114(497): 641-59.

Fisher, Irving. 1922. *The Making of Index Numbers: A Study of Their Varieties, Tests, and Reliability*. Boston: Houghton Mifflin.

Fleurbaey, Marc. 2005. "Health, Wealth, and Fairness." *Journal of Public Economic Theory*, 7(2): 253-84.

Fleurbaey, Marc. 2007. "Social Choice and the Indexing Dilemma." *Social Choice and Welfare*, 29(4): 633-48.

Fleurbaey, Marc. 2008. *Fairness, Responsibility, and Welfare*. Oxford and New York: Oxford University Press.

＊Fleurbaey, Marc, and Didier Blanchet. 2013. *Beyond GDP: Measuring Welfare and Assessing Sustainability*. Oxford: Oxford University Press.

Fleurbaey, Marc, and Guillaume Gaulier. 2009. "International Comparisons of Living Standards By Equivalent Incomes." *Scandinavian Journal of Economics*, 111 (3): 597-624.

Fleurbaey, Marc, and Francois Maniquet. 2011. *A Theory of Fairness and Social Welfare*. Cambridge and New York: Cambridge University Press.

Fleurbaey, Marc, and Philippe Mongin. 2005. "The News of the Death of Welfare Economics Is Greatly Exaggerated." *Social Choice and Welfare*, 25(2-3): 381-418.

Frederick, Shane, and George Loewenstein. 1999. "Hedonic Adaptation." In *Well-Being: The Foundations of Hedonic Psychology*, ed. Daniel Kahneman, Ed Diener, and Norbert Schwarz, 302-29. New York: Russell Sage Foundation.

Freeman, A. Myrick, III. 1993. *The Measurement of Environmental and Resource Values: Theory and Methods*. Washington, D.C.: Resources for the Future.

Frey, Bruno S., and Alois Stutzer. 2002. *Happiness and Economics: How the Economy and Institutions Affect Well-Being*. Princeton and Oxford: Princeton University Press.

Frey, Bruno S., and Alois Stutzer. 2007. "Should National Happiness Be Maximized?"

University of Zurich Institute for Empirical Research in Economics Working Paper 306.

Frijda, Nico H. 1999. "Emotions and Hedonic Experience." In *Well-Being: The Foundations of Hedonic Psychology,* ed. Daniel Kahneman, Ed Diener, and Norbert Schwarz, 190-212. New York: Russell Sage Foundation.

Gadrey, Jean, and Florence Jany-Catrice. 2006. *The New Indicators of Well-Being and Development.* Houndmills, U.K. and New York: Palgrave Macmillan.

*Gorman, William M. 1959. "Are Social Indifference Curves Convex?" *Quarterly Journal of Economics,* 73(3): 485-496.

Graaff, J. de V. 1977. "Equity and Efficiency as Components of the General Welfare." *South African Journal of Economics,* 45(4): 362-75.

Grewal, Ini, Jane Lewis, Terry Flynn, Jackie Brown, John Bond, and Joanna Coast. 2006. "Developing Attributes for a Generic Quality of Life Measure for Older People: Preferences or Capabilities?" *Social Science and Medicine,* 62(8): 1891-1901.

Hamilton, Kirk, and Michael Clemens. 1999. "Genuine Savings Rates in Developing Countries." *World Bank Economic Review,* 13(2): 333-56.

Hammond, Peter J. 1978. "Economic Welfare with Rank Order Price Weighting." *Review of Economic Studies,* 45(2): 381-84.

Hammond, Peter J. 1994. "Money Metric Measures of Individual and Social Welfare Allowing for Environmental Externalities." In *Models and Measurement of Welfare and Inequality,* ed. Wolfgang Eichhorn, 694-724. Berlin and Heidelberg: Springer.

Hartwick, John M. 1977. "Intergenerational Equity and the Investing of Rents from Exhaustible Resources." *American Economic Review,* 67(5): 972-74.

Hausman, Daniel M. 2007. "Hedonist Welfare Economics and the Value of Health." Unpublished.

Heal, Geoffrey M., and Bengt Kristrom. 2005. "National Income and the Environment." In *Handbook of Environmental Economics, Volume 3, Economywide and International Environmental Issues,* ed. Karl-Goran Maler and Jeffrey R. Vincent, 1147-1217. Amsterdam and San Diego: Elsevier, North-Holland.

Heal, Geoffrey M., and Bengt Kristrom. 2008. "A Note on National Income in a Dynamic Economy." *Economics Letters,* 98(1): 2-8.

*Jerison, Michael. 1984, 2022. "Social Welfare and the Unrepresentative Representative Consumer." SUNY Albany Discussion Paper 173, December 1984. (Edited: October 2022 in Journal Public Economic Theory, Online available)

Jorgenson, Dale W. 1990. "Aggregate Consumer Behavior and the Measurement of Social Welfare." *Econometrica,* 58(5): 1007-40.

Jorgenson, Dale W. 1997. *Welfare, Volume 2, Measuring Social Welfare.* Cambridge and

London: MIT Press.

Kahneman, Daniel. 1999. "Objective Happiness." In *Well-Being: The Foundations of Hedonic Psychology*, ed. Daniel Kahneman, Ed Diener, and Norbert Schwarz, 3–25. New York: Russell Sage Foundation.

Kahneman, Daniel, and Alan B. Krueger. 2006. "Developments in the Measurement of Subjective Well-Being." *Journal of Economic Perspectives*, 20(1): 3–24.

Kahneman, Daniel, Alan B. Krueger, David A. Schkade, Norbert Schwarz, and Arthur A. Stone. 2004. "Toward National Well-Being Accounts." *American Economic Review*, 94(2): 429–34.

Kahneman, Daniel, Ilana Ritov, and David A. Schkade. 1999. "Economic Preferences or Attitude Expressions?: An Analysis of Dollar Responses to Public Issues." *Journal of Risk and Uncertainty*, 19(1–3): 203–35.

Kahneman, Daniel, Peter P. Wakker, and Rakesh Sarin. 1997. "Back to Bentham? Explorations of Experienced Utility." *Quarterly Journal of Economics*, 112 (2): 375–405.

King, Mervyn A. 1983. "Welfare Analysis of Tax Reforms Using Household Data." *Journal of Public Economics*, 21(2): 183–214.

Kirman, Alan P. 1992. "Whom or What Does the Representative Individual Represent?" *Journal of Economic Perspectives*, 6(2): 117–36.

Kolm, Serge-Christophe. 1968. "The Optimal Production of Social Justice." In *Economie Publique*, ed. H. Guitton and J. Margolis, 145–200. Paris: CNRS.

Krueger, Alan B. 2008. "Economic Growth and Subjective Well-Being: Reassessing the Easterlin Paradox: Comment." *Brookings Papers on Economic Activity*, 1: 95–100.

Krueger, Alan B., Daniel Kahneman, David A. Schkade, Norbert Schwarz, and Arthur A. Stone. 2008. "National Time Accounting: The Currency of Life." Princeton University Industrial Relations Section Working Paper 523.

Krueger, Alan B., and David A. Schkade. 2008. "The Reliability of Subjective Well-Being Measures." *Journal of Public Economics*, 92(8–9): 1833–45.

Krueger, Alan B., and Arthur A. Stone. 2008. "Assessment of pain: A Community-Based Diary Survey in the USA." *Lancet*, 371 (9623): 1519–25.

Kuklys, Wiebke. 2005. *Amartya Sen's Capability Approach: Theoretical Insights and Empirical Applications*. Berlin and New York: Springer.

* Kuznets, Simon. 1934. National Income 1929–32. U.S. Congress Senate, 73rd Congress 2nd.

* Kuznets, Simon. 1937. "National Income and Its Composition; Discussion between Simon Kuznets, Clark Warburton and M.A. Copeland," In Studies in Income and Wealth series. Vol. 1. New York, NY: National Bureau of Economic Research Session,

Document No. 124, Washington D.C.: Government Printing Office

Lauwers, L. 2006. "Ordering Infinite Utility Streams: Completeness at the Cost of a Non-Ramsey Set." Unpublished.

Layard, Richard. 2005. *Happiness: Lessons from a New Science*. London: Allen Lane.

Layard, Richard, and Stephen Glaister, eds. 1994. *Cost–Benefit* Analysis, Second edition. Cambridge and New York: Cambridge University Press.

Lewbel, Arthur. 1997. "Consumer Demand Systems and Household Equivalence Scales." In *Handbook of Applied Econometrics, Volume 2: Microeconomics*, ed. M. Hashem Pesaran and Peter Schmidt, 167–201. Malden, Mass. and Oxford: Blackwell.

Loewenstein, George, and Peter A. Ubel. 2008. "Hedonic Adaptation and the Role of Decision and Experience Utility in Public Policy." *Journal of Public Economics*, 92 (8–9): 1795–1810.

Malmquist, Sten. 1953. "Index Numbers and Indifference Surfaces." *Trabajos de Estadistica y de Investigacion Operativa*, 4(2): 209–42.

Maniquet, Francois. 2007. "Social Orderings and the Evaluation of Public Policy." *Revue d'Economie Politique*, 117(1): 37–60.

Maniquet, Francois, and Yves Sprumont. 2004. "Fair Production and Allocation of an Excludable Nonrival Good." *Econometrica*, 72(2): 627–40.

* Martínez, Luis R. 2022. "How Much Should We Trust the Dictator's GDP Growth Estimates?" *Journal of Political Economy*, 130(10): 2731-2769.

Miringoff, Marc, and Marque-Luisa Miringoff. 1999. *The Social Health of the Nation: How America Is Really Doing*. Oxford and New York: Oxford University Press.

Moulin, Herve, and William Thomson. 1997. "Axiomatic Analysis of Resource Allocation Problems." In *Social Choice Re-examined, Volume 1, Proceedings of the IEA Conference Held at Schloss Hernstein, Berndorf, near Vienna, Austria*, ed. Kenneth J. Arrow, Amartya Sen and Kotaro Suzumura, 101–20. New York: St. Martin's Press; London: Macmillan Press.

Neumayer, Eric. 2004. "Sustainability and Well-Being Indicators." United Nations University World Institute for Development Economics Research Paper 2004/23.

Ng, Yew-Kwang. 1986. "Social Criteria for Evaluating Population Change: An Alternative to the Blackorby– Donaldson Criterion." *Journal of Public Economics*, 29 (3): 375–81.

Nordhaus, William D., and James Tobin. 1973. "Is Growth Obsolete?" In *The Measurement of Economic and Social Performance: Studies in Income and Wealth, Volume 38*, ed. Milton Moss, 509–31. New York: National Bureau of Economic Research.

Nussbaum, Martha C. 2000. *Women and Human Development: The Capabilities*

Approach. Cambridge; New York and Melbourne: Cambridge University Press.（マーサ・C・ヌスバウム著、池本幸生・田口さつき・坪井ひろみ訳『女性と人間開発：潜在能力アプローチ』岩波書店、2005年）

Nussbaum, Martha C. 2008. "Who Is the Happy Warrior? Philosophy Poses Questions to Psychology." *Journal of Legal Studies*, 37(S2): S81-114.

＊OPHI, UNDP（2022）Global Multidimensional Poverty Index 2022: Unpacking Deprivation Bundles to Reduce Multidimensional Poverty.（https://hdr.undp.org/system/files/documents/hdpdocument/2022mpireportenpdf.pdf）

Osberg, Lars, and Andrew Sharpe. 2002. "An Index of Economic Well-Being for Selected OECD Countries." *Review of Income and Wealth*, 48(3): 291-316.

Oswald, Andrew J. 1997. "Happiness and Economic Performance." *Economic Journal*, 107 (445): 1815-31.

＊Pathak, Parag A., Tayfun Sönmez, M. Utku Ünver, M. Bumin Yenmez 2021. "Fair Allocation of Vaccines, Ventilators and Antiviral Treatments: Leaving No Ethical Value Behind in Health Care Rationing." mimeo.

Pazner, Elisha. 1979. "Equity, Nonfeasible Alternatives and Social Choice: A Reconsideration of the Concept of Social Welfare." In *Aggregation and Revelation of Preferences*, ed. Jean-Jacques Laffont, 161-73. Amsterdam and New York: Elsevier, North-Holland.

＊Pigou, Arthur Cecil. 1912. *Wealth and Welfare*. London: Macmillan.（ピグー、アーサー・C 著、八木紀一郎監訳、本郷亮訳（2012）『ピグー　富と厚生』名古屋大学出版会）

Pollak, Robert A. 1981. "The Social Cost of Living Index." *Journal of Public Economics*, 15(3): 311-36.

Ramsey, F. P. 1928. "A Mathematical Theory of Saving." *Economic Journal*, 38 (152): 543-59.

Ravallion, Martin. 1997. "Good and Bad Growth: The Human Development Reports." *World Development*, 25(5): 631-38.

Rawls, John. 1971. *A Theory of Justice*. Cambridge and London: Harvard University Press.

Rawls, John. 1982. "Social Unity and Primary Goods." In *Utilitarianism and Beyond*, ed. Amartya Sen and Bernard Williams, 159-86. Cambridge and New York: Cambridge University Press.

＊Robbins, Lionel. 1932. *An Essay on The Nature and Significance of Economic Science*. London: Macmillan.（ロビンズ、ライオネル著、小峯敦・大槻忠史訳（2016）『経済学の本質と意義』京都大学学術出版会）

Roberts, Kevin. 1980. "Price-Independent Welfare Prescriptions." *Empirical Econo-*

mics, 13 (3) : 277-97.

Robeyns, Ingrid. 2006. "The Capability Approach in Practice." *Journal of Political Philosophy*, 14 (3) : 351-76.

Robeyns, Ingrid, and R. J. van der Veen. 2007. "Sustainable Quality of Life: Conceptual Analysis for a Policy-Relevant Empirical Specification." Netherlands Environmental Assessment Agency Report 550031006/2007.

Roemer, John E. 1998. *Equality of Opportunity*. Cambridge and London: Harvard University Press.

Roemer, John E., and Kotaro Suzumura, eds. 2007. *Intergenerational Equity and Sustainability*. Houndmills, U.K. and New York: Palgrave Macmillan.

* Roemer John E. and Alain Trannoy. 2016. "Equality of Opportunity: Theory and Measurement." *Journal of Economic Literature*, 54 (4) : 1288-1332.

Russell, James A. 1980. "A Circumplex Model of Affect." *Journal of Personality and Social Psychology*, 39 (6) : 1161-78.

* Sakamoto, Norihito. 2018. "Equity Criteria Based on the Dominance Principle and Individual Preferences: Refinements of the Consensus Approach." RCNE Discussion Paper Series, No. 5.

* Sakamoto, Norihito and Yuko Mori. 2021. "A Class of Acceptable and Practical Social Welfare Orderings with Variable Population: Stepwise Social Welfare Orderings and Their Applications." RCNE Discussion Paper Series, No. 10.

Samuelson, Paul A. 1947. *Foundations of Economic Analysis*. Cambridge and London: Harvard University Press. （P.A.サミュエルソン著、佐藤隆三訳『経済分析の基礎』勁草書房、1967年）

Samuelson, Paul A. 1956. "Social Indifference Curves." *Quarterly Journal of Economics*, 70 (1) : 1-22.

Samuelson, Paul A. 1961. "The Evaluation of 'Social Income': Capital Formation and Wealth." In *The Theory of Capital*, ed. Friedrich A. Lutz and Douglas C. Hague, 32-57. London: Macmillan.

Samuelson, Paul A. 1977. "Reaffirming the Existence of 'Reasonable' Bergson-Samuelson Social Welfare Functions." *Economica*, 44 (173) : 81-88.

Samuelson, Paul A., and S. Swamy. 1974. "Invariant Economic Index Numbers and Canonical Duality: Survey and Synthesis." *American Economic Review*, 64 (4) : 566-93.

Schokkaert, Erik. 2007a. "Capabilities and Satisfaction with Life." *Journal of Human Development*, 8 (3) : 415-30.

Schokkaert, Erik. 2007b. "The Capabilities Approach." Catholic University Leuven Center for Economic Studies Discussion Paper 07. 34.

Sen, Amartya. 1970. *Collective Choice and Social Welfare*. San Francisco: Holden-Day. （アマルティア・セン著、志田基与師監訳『集合的選択と社会的厚生』勁草書房、2000年）

Sen, Amartya. 1976. "Real National Income." *Review of Economic Studies*, 43 (1): 19-39.

Sen, Amartya. 1979. "The Welfare Basis of Real Income Comparisons: A Survey." *Journal of Economic Literature*, 17 (1): 1-45.

Sen, Amartya. 1985. *Commodities and Capabilities*. Amsterdam: Elsevier, North-Holland. （アマルティア・セン著、鈴村興太郎訳『福祉の経済学：財と潜在能力』岩波書店、1988年）

Sen, Amartya. 1992. *Inequality Reexamined*. New York: Russell Sage Foundation; Cambridge: Harvard University Press. （アマルティア・セン著、池本幸生・野上裕生・佐藤仁訳『不平等の再検討：潜在能力と自由』岩波書店、1999年）

Sen, Amartya. 1999. "The Possibility of Social Choice." *American Economic Review*, 89 (3): 349-78.

＊Sen, Amartya. 2017. *Collective Choice and Social Welfare: An Expanded Edition*. Cambridge, Massachusetts: Harvard University Press. （アマルティア・セン著、鈴村興太郎・後藤玲子・蓼沼宏一 監訳『集合的選択と社会的厚生：拡大版』勁草書房、近刊）

Sidgwick, Henry. 1907. *The Methods of Ethics*, Seventh edition. London: Macmillan.

Slesnick, Daniel T. 1991. "Aggregate Deadweight Loss and Money Metric Social Welfare." *International Economic Review*, 32 (1): 123-46.

Slesnick, Daniel T. 1998. "Empirical Approaches to the Measurement of Welfare." *Journal of Economic Literature*, 36 (4): 2108-65.

Slesnick, Daniel T. 2001. *Consumption and Social Welfare: Living Standards and Their Distribution in the United States*. Cambridge; New York and Melbourne: Cambridge University Press.

＊Smith, Adam. 1759. *The Theory of Moral Sentiments*. London: A. Miller. （スミス、アダム著、村井章子・北川知子 訳（2014）『道徳感情論』日経 BP 社）

Sobel, Joel. 2005. "Interdependent Preferences and Reciprocity." *Journal of Economic Literature*, 43 (2): 392-436.

Sprumont, Yves. 2007. "Resource Egalitarianism with a Dash of Efficiency." Universite de Montreal Departement de sciences economique 2007-03.

Stevenson, Betsey, and Justin Wolfers. 2008. "Economic Growth and Subjective Well-Being: Reassessing the Easterlin Paradox." *Brookings Papers on Economic Activity*, 1: 1-87.

＊Stiglitz, Joseph E., Amartya K. Sen, Jean-Paul Fitoussi. 2009. The Measurement of

Economic Performance and Social Progress Revisited: Reflections and Overview.

* Stiglitz Joseph E., Fitoussi Jean-Paul, Durand Martine. 2018. Beyond GDP: Measuring What Counts for Economic and Social Performance. OECD Publishing.

Sugden, Robert. 2004. "The Opportunity Criterion: Consumer Sovereignty without the Assumption of Coherent Preferences." *American Economic Review,* 94(4): 1014-33.

Sugden, Robert. 2007. "The Value of Opportunities over Time When Preferences Are Unstable." *Social Choice and Welfare,* 29(4): 665-82.

* UNDP. 2022. Human Development Report 2021/2022.

Van Praag, Bernard, and Ada Ferrer-i-Carbonell. 2007. *Happiness Quantified: A Satisfaction Calculus Approach.* Oxford and New York: Oxford University Press.

Weitzman, Martin L. 1976. "On the Welfare Significance of National Product in a Dynamic Economy." *Quarterly Journal of Economics,* 90(1): 156-62.

Weitzman, Martin L. 1988. "Consumer's Surplus as an Exact Approximation When Prices Are Appropriately Deflated." Quarterly Journal of Economics, 103(3): 543-53.

Weitzman, Martin L. 1998. "On the Welfare Significance of National Product under Interest-Rate Uncertainty." *European Economic Review,* 42(8): 1581-94.

Weitzman, Martin L. 2001. "A Contribution to the Theory of Welfare Accounting." *Scandinavian Journal of Economics,* 103(1): 1-23.

Zame, William R. 2007. "Can Intergenerational Equity Be Operationalized?" *Theoretical Economics,* 2(2): 187-202.

* OECD 編著、西村美由起訳（2021）『OECD 幸福度白書5　より良い暮らし指標：生活向上と社会進歩の国際比較』明石書店。

* カリアー、トーマス著、小坂恵理訳（2012）『ノーベル経済学賞の40年：20世紀経済思想史入門［下］』筑摩書房。

* ギャロウェイ、スコット著、渡会圭子訳（2018）『the four GAFA：四騎士が創り変えた世界』、東洋経済新報社。

* コイル、ダイアン著、髙橋璃子訳（2015）『GDP：〈小さくて大きな数字〉の歴史』みすず書房。

* ゴードン、ロバート・J 著、髙遠裕子・山岡由美訳（2018）『アメリカ経済：成長の終焉［上・下］』日経 BP 社。

* 国際連合編、黒沼稔訳（1960）『生活標準および生活水準の国際的定義および測定に関する報告』科学技術庁資源局資料、第29号。

* 国連開発計画編、北谷勝秀・恒川惠市・椿秀洋監修（1999）『人間開発報告書1999：グローバリゼーションと人間開発』古今書院。

* 坂井豊貴（2013）『マーケット・デザイン：最先端の実用的な経済学』筑摩書房。

* スティグリッツ、ジョセフ・E、ジャン＝ポール・フィトゥシ、マルティーヌ・デュ

ラン 編著、経済協力開発機構編、西村美由起訳（2020）『GDP を超える幸福の経済学：社会の進歩を測る』明石書店。

＊セン、アマルティア著、大庭健、川本隆史訳（1989）『合理的な愚か者：経済学=倫理学的探究』勁草書房。

＊フランク、ロバート・H 著、金森重樹監訳（2017）『幸せとお金の経済学：平均以上でも落ちる人、平均以下でも生き残る人』フォレスト出版。

＊ブリニョルフソン、エリック、アンドリュー・マカフィー著、村井章子訳（2013）『機械との競争』日経 BP 社。

＊マンキュー、グレゴリー・N 著、足立英之・石川城太・小川英治・地主敏樹・中馬宏之・柳川隆訳（2019）『マンキュー入門経済学 ［第 3 版］』東洋経済新報社。

＊ミュラー、ジェリー・Z 著、松本裕訳（2019）『測りすぎ：なぜパフォーマンス評価は失敗するのか？』みすず書房。

＊ラヴァリオン・マーティン著、柳原透監訳（2018）『貧困の経済学 ［上・下］』日本評論社。

索　引

■著者

マーク・フローベイ（Marc Fleurbaey）

パリ・スクール・オブ・エコノミクス教授。フランス国立科学研究センター（CNRS）研究員。専門は、社会選択理論、厚生経済学。パリの国立統計経済行政学院で学び、その後、社会科学高等研究院で経済学博士号を取得。プリンストン大学ロバート・E・キューネ（Robert E. Kuenne）記念教授などを経て現職。「社会進歩のための国際パネル（International Panel on Social Progress）」運営委員。2022年より「社会選択理論と厚生経済学学会（Society for Social Choice and Welfare）」学会長。主著に、*Beyond GDP: Measuring Welfare and Assessing Sustainability,* Oxford University Press, 2013（Didier Blanchet との共著）、*A Theory of Fairness and Social Welfare,* Cambridge University Press, 2011（François Maniquet との共著）、*Fairness, Responsibility, and Welfare,* Oxford University Press, 2008。

■訳・解説

坂本 徳仁（さかもと・のりひと）

東京理科大学教養教育研究院准教授。専門は、社会選択理論、厚生経済学、社会保障の経済学。一橋大学経済学部で学び、同大学院経済学研究科博士課程修了。博士（経済学）。立命館大学 PD 研究員などを経て現職。一橋大学経済研究所規範経済学研究センター外部研究員。ロンドン・スクール・オブ・エコノミクス客員研究員。主著に、"No-Envy, Efficiency, and Collective Rationality," *Social Choice and Welfare,* 40, pp.1033-1045, 2013、"A Class of Acceptable and Practical Social Welfare Orderings with Variable Populations: Stepwise Social Welfare Orderings and Their Applications," RCNE Discussion Paper, 2021（森悠子との共著）。

しゃかいこうせい　　はか　　かた
社会厚生の測り方
ビ ヨ ン ド　ジーディービー
Beyond ＧＤＰ

2023年 3 月31日　第 1 版第 1 刷発行

著　者―――マーク・フローベイ
訳・解説―――坂本徳仁
発行所―――株式会社日本評論社
　　　　　　〒170-8474　東京都豊島区南大塚3-12-4
　　　　　　電話　03-3987-8621（販売）　03-3987-8595（編集）
　　　　　　ウェブサイト　https://www.nippyo.co.jp/

印　刷―――精文堂印刷株式会社
製　本―――井上製本所
装　幀―――図工ファイブ
検印省略 © Norihito Sakamoto, 2023
ISBN978-4-535-54056-9　　Printed in Japan